Jacob Katz
Richard Wagner

Jacob Katz

Richard Wagner

Vorbote des Antisemitismus

Eine Veröffentlichung des Leo Baeck Instituts

Jüdischer Verlag
Athenäum

CIP-Kurztitelaufnahme der Deutschen Bibliothek

Katz, Jacob:
Richard Wagner : Vorbote d. Antisemitismus ; e.
Veröff. d. Leo Baeck Inst. / Jacob Katz. –
Königstein/Ts. : Jüdischer Verlag Athenäum,
1985.
   ISBN 3-7610-8374-2

Umschlaggestaltung: Bine Cordes, Weyarn
Umschlagabbildung: Franz Lenbach, Richard Wagner
Satz: Computersatz Bonn GmbH, Bonn
Druck und Bindung: Bercker, Graphische Betriebe GmbH, Kevelaer
Printed in West Germany
ISBN 3-7610-8374-2

Inhalt

Vorwort

Zu diesem Buch ermunterten mich meine Kollegen des Leo Baeck Instituts in Jerusalem. 1979 hielt ich hier die jährliche Memorial Lecture für Siegfried Moses, den Gründer und ersten Präsidenten des Instituts, und wählte das Thema „Richard Wagners Rolle in der Entstehung des Antisemitismus". In meinem Buch über die Geschichte des modernen Antisemitismus (From Prejudice to Destruction – Antisemitism 1700–1933, Harvard University Press, 1980), das damals gerade auf hebräisch und englisch erschien, habe ich in einem Kapitel diese Problematik abgehandelt, doch immer mehr gelangte ich zu der Überzeugung, daß dieses Thema eine gesonderte Behandlung verdiene – und darin wurde ich auch in vielen Gesprächen bestärkt. In meine Untersuchung habe ich auch die biographische Dimension mit einbezogen; im Winter 1980 besuchte ich die Richard-Wagner-Gedenkstätte in Bayreuth, wo ich, wie auch später auf meine brieflichen Anfragen, dankenswerterweise wertvolles Material erhielt.

Seit meiner Dissertation hatte ich kein Buch mehr in deutscher Sprache verfaßt. Nun aber beschloß ich, diese Studie, die von der Konrad-Adenauer-Stiftung unterstützt wurde, auf deutsch zu schreiben. Daniel Brecher, dem Leiter des Leo Baeck Instituts in Jerusalem, danke ich für die stilistische Überarbeitung und Glättung des Textes. Das Tauber Institute an der Brandeis University, Boston, plant eine englische Übersetzung.

Hebräische Universität Jerusalem   *Jacob Katz*
Leo Baeck Institut Jerusalem
August 1984

ERSTES KAPITEL

Fragestellung

Die vorliegende Studie entsprang, im Gegensatz zu den meisten Beiträgen zum Thema „Richard Wagner und der Antisemitismus", nicht dem biographischen Interesse. Die Wagnerbiographen, wie auch schon Wagners Zeitgenossen, waren von der in „Das Judentum in der Musik" offenbarten anti-jüdischen Gesinnung bestürzt – mit Recht, denn vor dem Zeitpunkt der Veröffentlichung im Jahre 1850 waren weder in Wagners öffentlichen Äußerungen noch in seinen zahlreichen Briefen noch in seiner äußeren Haltung Spuren einer solchen Einstellung zu entdecken. Auch im Verlauf der späteren Jahrzehnte ist die Verhaltensweise Wagners gegenüber Juden und Judentum, oder, wenn man will, der Judenfrage, keineswegs eindeutig oder konsequent. Trotz der leidenschaftlichen Äußerungen gegen das Judentum und der Angriffe auf Musiker und Schriftsteller jüdischer Herkunft hielt er freundschaftliche Beziehungen zu anderen Juden aufrecht. Der Biograph steht also hier vor einem psychobiographischen Problem. Es sei dahingestellt, ob das Rätsel durch die vielen Erklärungsversuche einer Lösung nähergebracht wurde.

Es besteht aber jenseits der biographischen Problematik, deren Bedeutung nicht unterschätzt werden soll, ein historisches Interesse an Wagners anti-jüdischer Gesinnung. So kann man sich fragen, ob und wie weit Wagners anti-jüdische Äußerungen in der Entwicklung des Antisemitismus eine Rolle gespielt haben. Wären die anti-jüdischen Ausfälle Wagners ein Kuriosum geblieben, als das sie 1850 in „Das Judentum in der Musik" anonym in die Welt gesetzt und sogar bei der Wiederveröffentlichung unter seinem vollen Namen im Jahre 1869 von den meisten Zeitgenossen aufgenommen wurden, hätte man auch dem biographischen Problem nicht die Bedeutung beigemessen, die es in Deutung und Beurteilung der Persönlichkeit erfährt. Man würde seine Ausfälle vielleicht als eine Entgleisung abtun, veranlaßt durch sein ambivalentes Verhältnis zu Giacomo Meyerbeer, der die eigentliche Zielscheibe seiner ersten anti-jüdischen Salven darstellte. Da aber das, was während der fortschreitenden Integrierung der jüdischen Minorität in die bürgerlich-liberale Gesellschaft als ein höchst individuelles, auch an sich widerspruchvolles Verhalten angesehen werden konnte, noch zu Wagners Lebzeiten mit dem Einsetzen der antisemitischen Bewegung am Ende der siebziger Jahre symptomatisch für das gesellschaftliche Gebaren wurde, erschien eine solche verharmlosende Beurteilung unmöglich. So drängte sich die Frage auf, ob Wagners anti-jüdische Äußerungen die Ideologie der antisemitischen Bewegung beeinflußt haben oder zumindest seine individuelle Verhaltensweise die spätere gesellschaftliche Entwicklung vorwegnahm. Tatsache ist, daß viele Wortführer des Antisemitismus – wie Houston Stewart Chamberlain, Adolf Rosenberg und besonders Adolf Hitler – glaubten, in Richard Wagner ein Vorbild ihrer anti-jüdischen Gesinnung gefunden zu haben. Historiker und besonders Laien, die nach den historischen Wurzeln der von diesen Männern getragenen Bewegung mit ihren entsetzlichen Folgen fragten, führen sie oft als Kronzeugen in der Beurteilung Wagners an. So hat sich bei den Opfern der nationalsozialistischen Judenverfolgung häufig Wagners Bild geradezu als das Symbol tödlicher Judenfeindschaft fixiert – eine Erscheinung, die sich z. B. im Widerstand der Öffentlichkeit gegen die Aufführung von Wagners Musik in Israel dokumentiert.

Eine parallele Erscheinung, allerdings mehr auf der literarischen Ebene und gewissermaßen mit verkehrten Vorzeichen, ist auch außerhalb Israels, nämlich in der Bundesrepublik Deutschland zu verzeichnen. Die Frage nach der Rolle Wagners in der Anbahnung des Nationalsozialismus ist hier oft im Zusammenhang mit der sogenannten Vergangenheitsbewältigung diskutiert worden. Um den Zugang zu Wagners Kunst von diesen negativ besetzten Vorzeichen zu befreien, hat man sich mehr oder weniger bewußt um die Rekonstruktion eines geläuterten Wagnerbildes bemüht, wobei, dem Zug der Zeit folgend, seine anti-jüdische Einstellung, wenn nicht gerade verdeckt, so doch mehr oder weniger vertuscht wurde. Diese Tendenz ist besonders in der auf Breitenwirkung zielenden Wagner-Biographie von Martin Gregor-Dellin sichtbar, die ihrerseits den geharnischten Protest der Gegenseite, energisch vertreten durch den Germanisten Hartmut Zelinsky, auf den Plan rief. Diese Richtung ist der Meinung, daß eine Vergangenheitsbewältigung, wenn überhaupt, nur möglich ist durch die schonungslose Aufdeckung der Schuld Einzelner und ganzer Gruppen an der antisemitischen Vergiftung des deutschen Volkes, die den moralischen Widerstand gegen die nationalsozialistische Barbarei untergrub. Hier wird nun ebenfalls, den Aussagen der Nazis selbst folgend, Wagner und seiner Gefolgschaft ein beträchtliches Maß an Schuld zugeschrieben.

Der Historiker, der seiner wissenschaftlichen Überzeugung gehorchend die Vergangenheit aus ihren Gegebenheiten verstehen, darstellen und beurteilen möchte, muß sich vor der Gefahr hüten, sich von den Tendenzen der Gegenwart bestimmen zu lassen. Seine Aufgabe ist, die Entstehung, Entwicklung und Rolle des Antisemitismus in Wagners Leben und seine Wirkung auf die öffentlichen Vorgänge im Kontext der Zeit zu beobachten, zu beschreiben und zu bewerten und die damals noch

11

nicht vorhersehbaren Folgen außer acht zu lassen. Um das zuwege zu bringen, ist es geboten, die sich stellenden Fragen so exakt wie möglich zu formulieren und zu bestimmen, wann genau im Leben Wagners die ersten Zeichen anti-jüdischer Gesinnung auftauchten, welche Wandlungen diese im Lauf der Zeit erfuhr und welches Ausmaß sie annahm. Diese antisemitische Animosität blieb auch nicht ohne nachhaltige Wirkung auf die Beurteilung der Werke des Komponisten.

Beim Antisemitismus handelt es sich jedoch nicht um Ansichten und Charakterzüge einzelner Personen, und seine Erforschung kann auf keinen Fall darauf beschränkt werden. Es handelt sich um einen historischen Prozeß, an dem die betroffenen Personen mehr oder weniger aktiv teilnehmen. Auch der Antisemitismus Wagners ist selbstverständlich keine reine Idiosynkrasie. Wagner hat seine anti-jüdischen Argumente weder aus dem Nichts geschaffen, noch sind seine emotionellen Reaktionen auf Juden und alles Jüdische ohne die negativen Assoziationen, die mit dem jüdischen Phänomen verbunden sind, denkbar. Zwar ist 1850, zur Zeit der ersten Äußerungen von Wagners Judenfeindseligkeit mit der anonymen Veröffentlichung von „Das Judentum in der Musik", keine aktive oder gar organisierte anti-jüdische Bewegung zu verzeichnen, wie sie die letzten Jahrzehnte des 19. Jahrhunderts hervorbrachten. Diese Bewegung ist, wie wir wissen, das Produkt einer seit jeher auf der jüdischen Diaspora lastenden Animosität, die latent und dialektisch auf den Fersen ihrer Nachkommen folgte, als diese dank der modernisierenden und revolutionären Wendung in der Geschichte der europäischen Staaten sich von ihrer Ghettoexistenz zu befreien begannen und ihren Weg in die moderne Gesellschaft antraten.

Der erste Schritt in unserer Untersuchung ist also, den Stand der historischen Entwicklung zu fixieren, an dem

Wagner mit der anonymen Erstveröffentlichung seines Artikels und im Jahre 1869 mit seinem öffentlichen Bekenntnis dazu sich in den Prozeß der Wiederbelebung der Judenfeindschaft einschaltet. Zum Verständnis seiner Einstellung sind die zeitlich zurückliegenden Vorgänge, abgesehen von der rein persönlichen Motivation, der legitime Schlüssel, auf jeden Fall legitimer als die darauf folgenden Ereignisse, also das Aufkommen der antisemitischen Bewegung und des Nationalsozialismus. Wie man auch den Einfluß der Wagnerschen Judenfeindseligkeit auf diese einschätzt, das Verhältnis ist das von Ursache und Folge. Der Versuch, von der letzteren auf die erstere zu schließen, birgt die Gefahr der historisch-kritisch unzulässigen Rückdatierung in sich. Die Beachtung der chronologischen Reihenfolge in der Darstellung und Deutung der Ereignisse ist die erste Pflicht des Historikers, die auch in diesem Fall unter Überwindung der verständlichen Widerstände streng einzuhalten ist.

Anders ist das Verhältnis zwischen zeitlich auseinanderliegenden Vorgängen, wenn es um die moralische Verantwortung der handelnden Personen der ersten Phase geht, für die Folgen, die sich erst in der zweiten ergaben. Gewiß war es nicht möglich, diese Folgen genau vorauszusehen, und volle Verantwortung für sie kann den Betreffenden nicht aufgebürdet werden. Aber wenn auch genaues Wissen um das, was sich ergeben wird, nicht denkbar ist, zieht allein die Vermutung dessen, was sich aus den Taten der Gegenwart ergeben könnte, ein Maß der moralischen Verschuldung nach sich. Wenn zusätzlich die erste Handlung selbst von bedenklichem Charakter ist, erhebt sich die Frage, ob das erste, minder schwere, aber voll bewußte Verhalten nicht auch die Verantwortung für die ungeahnten Folgen in sich schließt. Auf den Fall Wagner angewendet lautet die Frage, ob seine auch an sich und innerhalb seiner Zeit be-

denkliche Gehässigkeit gegenüber Juden ihn nicht auch
für die nicht absehbare Steigerung verwandter Tendenzen mitverantwortlich macht. Diese Frage kann hier nur
angedeutet werden. In ihrem vollen Gewicht wird sie
sich uns erst stellen, wenn die Ergebnisse unserer historischen Untersuchung die Wagnersche Judenfeindseligkeit
in ihrer vollen Klarheit beleuchtet werden. Um eines
noch vorwegzunehmen: Die bei Lebzeiten Wagners bekannten Tatsachen erweisen sich als genug belastend,
auch ohne daß man ihm die Schreckenstaten Hitlers auf-
bürden muß.

ZWEITES KAPITEL

Historischer Hintergrund und Vorläufer

Als erstes soll hier der historische Rahmen umrissen werden, in dem der Wagnersche Antisemitismus erscheint.

Bekanntlich gab es vor 1879 den Ausdruck Antisemitismus nicht. Er tauchte in den Herbstmonaten des Jahres 1879 auf, allem Anschein nach zuerst gebraucht von Wilhelm Marr[1], als die seit Mitte des Jahrzehnts sich akkumulierende anti-jüdische Stimmung, genährt durch die Pressekampagne, die für die drückende Wirtschaftskrise wie für alle Übel der Zeit den Juden die Schuld gab, sich als eine politische Bewegung unter der Führung des Hofpredigers Adolf Stöcker konstituierte. Das Aufkommen dieser Bewegung war für viele Zeitgenossen, Juden wie Nichtjuden, ein erschütterndes Erlebnis. Die Bewegung deutete auf eine Abkehr von der relativen Toleranz gegenüber der jüdischen Minorität in Deutschland. Diese Toleranz beruhte in wenigen Fällen auf dem Glauben an die Berechtigung von religiös-kulturellem Pluralismus – zwar ohne den Begriff gekannt zu haben –, aber meistens auf der mehr oder weniger akzentuierten Hoffnung, daß die jüdische Minorität in ihrer wirtschaftlichen, sozialen, kulturellen, möglicherweise auch in ihrer religiösen Sondererscheinung im Laufe der Zeit verschwinden werde.

Zweifler an der Berechtigung der Toleranz gab es jedoch, seitdem die Juden in den deutschen Gesellschaftsraum traten, d. h. seit den letzten Jahrzehnten des 18. Jahrhunderts, als die Idee der Integrierung der Juden in Staat und Gesellschaft, später unter dem Namen Emanzipation gefaßt, konzipiert und teil- und versuchsweise verwirklicht wurde. Die Gegner der Idee wurden zu ihrer Zeit, zumal von den ideologischen Verfechtern der Emanzipation, als Reaktionäre, d. h. Anhänger eines überwundenen Stadiums der historischen Entwicklung, abgetan. Im Licht der späteren Ereignisse, des Ausbruchs und der Ausbreitung des Antisemitismus im letzten Drittel des 19. Jahrhunderts, erscheinen jedoch die Gegner der Emanzipation vielmehr wie die Vorläufer und Wegbereiter der kommenden judenfeindlichen Epoche.

Angesichts dieser Kontinuität der Judenfeindseligkeit ist die Annahme nicht unberechtigt, daß es sich bei dem modernen Antisemitismus keineswegs, wie viele seiner Vertreter es darstellten, um die bloße Abwehr gegen die Überwucherung des jüdischen Einflusses in Folge der Emanzipation handelte. Der rapide wirtschaftlich-soziale Aufstieg der emanzipierten Minorität mag der Anlaß zum Ausbruch des Antisemitismus gewesen sein. Doch die Leidenschaft, mit der die anti-jüdische Kampagne geführt wurde, und ihre breite soziale Resonanz, lassen auf irrationale Wurzeln des Phänomens schließen. Offenbar handelt es sich um die Neubelebung eines psychologisch tief verwurzelten und soziologisch weit verbreiteten Vorurteils, dessen Wurzeln im jahrtausendelangen jüdisch-christlichen Konflikt zu suchen sind[2].

Auf der Ebene der theoretisch-theologischen Auseinandersetzung mögen die beiden Religionen, das Judentum und das Christentum, mit gleich scharfen Waffen der Verneinung und Verdammung ihren Kampf geführt haben[3]. Soweit aber der Kampf auch auf den politischen und sozialen Bereich übergriff, hatte das Christentum in überwältigender Weise die Oberhand. Selbst die physische Existenz der jüdischen Diaspora hing von der Toleranzbereitschaft ihrer jeweiligen Umgebung ab. In christlichen Ländern wurde den Juden diese Toleranz gewährt, weil damit die Vorstellung verbunden war, daß sie spätestens am Ende der Tage mit ihrer Bekehrung als

Zeugen der christlichen Wahrheit auftreten werden. Freilich war die gestundete Tolerierung an die Bedingung der politischen Machtlosigkeit und der gesellschaftlichen Isolierung und Herabsetzung geknüpft.[4] Es gehört zu der oft bewunderten Widerstandsfähigkeit der jüdischen Gemeinden, daß sie sich am Ende der durch die Religion geprägten Epoche des Mittelalters und der Ghettozeit als eine lebendige, ihre eigene Kultur tragende Gemeinschaft präsentieren konnten. Freilich wurde diese Fortexistenz mit tiefer gegenseitiger Entfremdung bezahlt, die auf Dauer eher zunahm.

Mit dem Anbruch der Moderne schienen die Voraussetzungen für die Sonderexistenz der Juden geschwunden und mit der Untergrabung der traditionell-theologischen Fundamente beider Religionen, des Christentums und des Judentums, durch die Grundlegung des säkularen Staates und einer verweltlichten Gesellschaft der Rahmen für die Verschmelzung der jüdischen Minorität mit der nicht-jüdischen Majorität geschaffen zu sein. Aufgrund dieser Diagnose der historischen Entwicklung und ihres erwarteten Fortgangs wurde die Idee der Judenemanzipation konzipiert. Der Kern der Idee besagte, daß die Änderung des politischen Status der Juden, ihre Verwandlung von tolerierten Fremden in legitime Glieder des Staates, auch ihre soziale, wirtschaftliche, kulturelle und vielleicht auch religiöse Angleichung an die Gesamtbevölkerung nach sich ziehen werde.[5] Der Glaube bzw. Unglaube an diese Zukunftserwartung wurde zum Scheidepunkt der Verfechter der Emanzipation und ihrer Gegner. Ebenso wurde die jüdische Angleichung an ihre Umwelt zum Maßstab der Bewertung der Emanzipation, nachdem man begonnen hatte, sie einzuführen.

So logisch sich auch die Idee der Judenemanzipation von den die Zeit beherrschenden Tendenzen ableiten ließ, bestanden aber auch irrationale, historisch bedingte Hemmungen, der abstrakten Logik zu folgen. Gerade weil die geplante Einbürgerung gleichzeitig die wirtschaftliche Mitbeteiligung, den gesellschaftlichen Kontakt und die kulturelle Gemeinschaft mit den bis dahin geächteten und gemiedenen Fremdlingen involvierte, schreckten viele vor den Forderungen der Vernunft zurück. Für dieses Zurückschrecken bedurfte es aber einer quasi-rationalen Begründung. Wenn die traditionell-theologische Rechtfertigung der Judenverfemung nicht mehr akzeptabel erschien, wurden andere religiöse, wenn auch undogmatische oder ausgesprochen säkulare Beweggründe für die Ablehnung der Juden angeführt. So entstanden die modernen Variationen der Judenkritik, die in der Literatur entsprechend ihrer ideologischen Motivierung als religiöser, wirtschaftlicher, politischer oder rassentheoretischer Antisemitismus gekennzeichnet sind.[6]

Eine solche Klassifizierung des Antisemitismus mag bei der Analyse der Weltanschauung einzelner Antisemiten oder ganzer Strömungen von Nutzen sein. Zur chronologischen Darstellung ihrer Entwicklung, wie wir sie benötigen, um die Einschaltungsphase Wagners fixieren zu können, genügt sie gewiß nicht. In Wirklichkeit erscheinen die antisemitischen Ideologien nur selten monolithisch, sozusagen in Reinkultur. Meistens verwenden die Ideologen heterogene Argumente, oft in widerspruchsvollem Durcheinander. Ihre Feststellungen sind ja nicht an der Wirklichkeit jüdischer Existenz orientiert, bezwecken vielmehr die Bekämpfung jüdischer Aspirationen oder bereits gesicherter Errungenschaften. Kein Argument, das bei sich oder anderen überzeugend wirken könnte, wird hier verschmäht.

Will man also die Entwicklung der Judenfeindseligkeit, wenn auch nicht streng chronologisch, so doch den wechselnden Tendenzen nach verfolgen, so empfiehlt es sich, von der ideologischen Begründung der Judenfeindseligkeit abzusehen und sich auf ihre Zielsetzung zu konzentrieren. Diese folgt, nicht ohne Schwankungen und Wandlungen, dem Verlauf des Eintritts der Juden in die ihnen geöffneten Positionen. Entsprechend dem Fortschritt der Juden melden sich Proteste und Verwahrungen. In der ersten Phase der Entwicklung wird der soziale Kontakt mit den ehemaligen Ghetto-Parias abgelehnt. Wenn Frau Rath Goethe kopfschüttelnd berichtet, daß in Folge der französischen Besatzung Frankfurter Juden erhobenen Hauptes in den Anlagen spazierengehen, zu denen sie früher keinen Zutritt hatten, so kommt hier dieselbe Aversion zum Ausdruck, mit Juden denselben Gesellschaftsraum zu teilen, wie das Verbot des Besitzers einer Hamburger Wirtschaft, sein Lokal zu betreten, oder die Weigerung der Freimaurerlogen, den sonst der Aufnahme würdigen oder zum Besuch berechtigten Juden die Mitgliedschaft bzw. den Logenbesuch zu gewähren.[7]

Die Ambition der verweltlichten Teile der jüdischen Gesellschaft war in der ersten Phase der Entwicklung, noch zu Lebzeiten Moses Mendelssohns – er starb 1786 –, gerade auf solchen sozialen Kontakt gerichtet. Der Widerstand dagegen war hier und da gebrochen – die Freundschaft Mendelssohns mit Lessing und anderen prominenten Zeitgenossen und noch viel mehr der Besuch jüdischer Salons durch die vornehmsten Persönlichkeiten Berlins und Wiens sind beredte Zeugnisse dafür. Die Verwunderung, um nicht zu sagen Befremdung, mit der solche Annäherungen von den Zeitgenossen kommentiert wurden, zeugt jedoch für ihren außergewöhnlichen Charakter. Der soziale Kontakt zwischen Juden und Nichtjuden blieb trotz der Fortschritte auf dem Gebiet der politisch-rechtlichen Emanzipation – volle

Gleichberechtigung in den von den Franzosen besetzten Gebieten und Einbürgerung der preußischen und bayrischen Juden durch die Edikte von 1812/1813 – problematisch.[8] Doch nachdem das Tabu des sozialen Kontaktes einmal gebrochen war, konnte der alte Zustand der völligen gesellschaftlichen Trennung nicht mehr wiederhergestellt werden, und im Laufe der ersten Jahrzehnte bildete sich eine Art modus vivendi heraus. Die enthusiastische Erwartung einer universellen Begegnung von Juden und Nichtjuden machte einer Lockerung der gegenseitigen Ausschließung Platz. Juden, die darauf Wert legten und die durch Anpassung an die landläufigen Lebensformen in Sprache und gesellschaftlichem Benehmen dazu in der Lage waren, konnten den Radius ihrer sozialen Kontakte erweitern. Sie waren nicht mehr am Besuch öffentlicher Veranstaltungen gehindert. Sie konnten ihre Kinder an Gymnasien und Universitäten ausbilden lassen und fanden nicht selten Zugang zu mehr oder weniger geschlossenen gesellschaftlichen Kreisen und Verbindungen.[9] Jedoch auch nach der formalen gesetzlichen Gleichstellung, um die noch zu ringen war, wurden die Juden keineswegs selbstverständlich sozial anerkannt.

Dieses Ringen begann mit den ersten praktischen Maßnahmen und Reformplänen der Staatsmänner, wie dem Toleranzpatent Josephs II. in Österreich und den Vorschlägen des preußischen Beamten Christian Wilhelm Dohm zu Anfang der 80er Jahre des 18. Jahrhunderts, also noch zu Lebzeiten Moses Mendelssohns. Die österreichischen Maßnahmen und die preußischen Anregungen gingen von der Erkenntnis der Unhaltbarkeit der gegebenen Zustände aus, nämlich der Ausgliederung der Juden als eine Art Fremden-Kolonie unter besonderer Gesetzgebung am Rande der bürgerlichen Gesellschaft. In der Vorstellung des auf rationalen und universalistischen Grundsätzen basierenden Staatswesens, wie es den

20

Vertretern der Aufklärung vorschwebte, erschien dieser Zustand als eine unzuverlässige Anomalie. Daher kam es, daß die vorläufigen Maßnahmen und Vorschläge zwar nur auf relativ leichte Änderungen der geltenden Judenvorschriften zielten, grundsätzlich aber als der Beginn einer auf die völlige Eingliederung der Juden in Staat und Gesellschaft zielenden Reform erscheinen mußte.[10] So wurden sie jedenfalls – mit Recht – von ihren Gegnern verstanden und lösten entsprechende Gegenreaktionen aus.

Der Prozeß der Einbürgerung der Juden war in all seinen Phasen von einem lauten, oft gehässigen Protest begleitet. Argumente aller Art, wie bereits dargelegt, wurden von den Gegnern ins Feld geführt. In der Tat läßt sich der Kampf gegen die politische und gesellschaftliche Aufnahme der Juden als der Stimulus zur Umgestaltung der anti-jüdischen Ideologie ansehen. Dies führte zur Verwandlung der mittelalterlichen, religiösen Judenfeindseligkeit in eine neue, säkulare Form, die später Antisemitismus genannt wurde.

Besonders starke Formen nahm der Protest gegen die Judenaufnahme im Laufe der großen Debatte über die Neuordnung der Judenrechte während und in der Folge des Wiener Kongresses an, als es um die Frage ging, ob die in den Revolutionsjahren erteilte oder erzwungene Rechtsangleichung der Juden beibehalten werden sollte. Die Bürgerschaft von Frankfurt, Bremen und anderen Städten, gereizt durch die Entfaltung der wirtschaftlichen Tätigkeit der Juden während ihrer von den Franzosen garantierten Gleichberechtigung, versuchte sie in ihre vorrevolutionäre Stellung zurückzudrängen. Die Judenhetze dieser Zeit endete, wie bekannt, in den sogenannten Hepp-Hepp-Ausschreitungen im Sommer 1819, die die Kulmination der anti-emanzipatorischen Strömungen darstellt.[11]

Mit dem liberalen Auftrieb der dreißiger Jahre trat der Kampf und damit auch die ihn begleitende anti-jüdische Argumentation in eine neue Phase ein. Dem Zug der Zeit folgend glaubten die Verfechter der Judenemanzipation ihres endgültigen Sieges sicher zu sein. Die Versuche der Gegner, durch Propaganda und parlamentarische Manöver in den Kabinetten und gesetzgebenden Versammlungen den Gang der Entwicklung aufzuhalten, erschienen ihnen als Rückzugsgefechte einer geschlagenen Armee. Trotzdem war diese Zeit besonders reich an stürmischen Judendebatten, in denen die jüdische Problematik, jetzt Judenfrage genannt, mit den schärfsten Mitteln der Rhetorik ausgefochten wurde.[12] Der 1813 geborene Richard Wagner war 17 Jahre alt, als die neue Welle der Judendebatte einsetzte. In den für seine Entwicklung entscheidenden Jahren entstanden also seine Eindrücke und Vorstellungen über Juden und Judentum in dieser Atmosphäre der die Öffentlichkeit beschäftigenden Diskussionen.

Zwei Momente sind es, die der Judenproblematik in der genannten Zeit ihre besondere Prägung verleihen. Das eine betrifft die Strategie, die in dieser Phase des Kampfes um die Emanzipation von ihren Gegnern entwickelt wurde. Das zweite den Grad der Anpassung, das Maß der Assimilation, das den Prozeß der Emanzipation begleitete. Der Streit um die Integrierung der Juden erreichte in grundsätzlicher Hinsicht eine Zuspitzung. Die vorangegangene Entwicklung sicherte den Juden ihr Heimatrecht. Niemand dachte mehr an eine Ausweisung der Juden, auch nicht an die Neuerrichtung ihrer Ghettos oder an ihre Verdrängung aus der wirtschaftlichen Position, die sie in den Jahrzehnten ihrer Halb-Bürgerschaft erobert hatten. Die Frage, die die Öffentlichkeit, die gesetzgebenden Instanzen sowie die Presse und die einschlägige Literatur beschäftigte, war, ob es auf die

Dauer bei dieser Halbheit bleiben sollte. Die Juden und ihre Parteigänger forderten, zur Gewährung völliger Gleichberechtigung einschließlich der Beteiligung am politischen Leben des Staates überzugehen. In diesen Erörterungen wurde jetzt die Frage nach der Wesensgleichheit der Juden mit den anderen Teilen der Bevölkerung wiederholt gestellt und auf verschiedenen intellektuellen Ebenen diskutiert.

Es gab zu dieser Zeit noch Kreise, die trotz fortschreitender Säkularisierung des öffentlichen Lebens daran festhielten, daß der Staat als solcher der christlichen Idee verhaftet sei. Selbst wenn man also Juden oder etwa Deisten Heimatrecht und freien Lebensraum zubilligte, müßte die Verwaltung des Staates Christen vorbehalten bleiben. Diese Idee wurde vom Konvertiten Julius Stahl am Ende der hier behandelten Periode philosophisch untermauert, diente aber lange vor ihm konservativen Elementen als Leitfaden in ihrer Stellungnahme. Für die Anhänger dieser Meinung stand die volle Emanzipation der Juden also außer Frage.[13]

Der Trend der Zeit drängte jedoch zur Verweltlichung des Staates, und die politische Gleichberechtigung der Juden schien darin inbegriffen zu sein. Das traf zu, sofern es sich um das Selbstverständnis des Staates handelte. Prüfte man aber die Frage vom Standpunkt der jüdischen Befähigung zur Anteilnahme am politischen Leben des nicht-jüdischen Gemeinwesens, so hing es davon ab, wie man das jüdische Anpassungsvermögen und die jüdische Anpassungsbereitschaft einschätzte. Schopenhauer z. B. erklärte angesichts der jüdischen Stammesverwandtschaft und Solidarität, daß er nicht an die Eingliederung der Juden in die Reihen eines anderen Staatsvolkes glauben könne.[14] Ob bei solchen Erwägungen die Beobachtung der jüdischen Verhaltensweise das Primäre war, oder ob es sich um die ideologische Deckung einer

Variation der Juden-Phobie handelt, mag dahingestellt bleiben. Das Ergebnis war auf jeden Fall die Ablehnung der politischen Gleichberechtigung der Juden.

Andere äußerten ihre Zweifel an der Eignung der Juden zur völligen Indentifizierung mit ihrer Umgebung. So machten diese ihr Einverständnis mit der politischen Gleichstellung der Juden abhängig von sichtbaren Zeichen des jüdischen Gesinnungswandels oder von einer grundlegenden Verwandlung der gegenwärtigen Gesellschaftsordnung, die automatisch die Trennung zwischen Juden und Nichtjuden aus der Welt schaffen würde. Der Heidelberger radikal-rationalistische Theologe Heinrich Eberhard Gottlob Paulus verlangte, daß die Juden alle an ihre nationale Vergangenheit erinnernden irrationalen Glaubenssätze und Riten ablegten. Erst wenn die jüdische Religion den Stand einer vernünftigen Gottesverehrung erreicht haben würde, wäre die Zeit zur politischen Vereinigung gekommen.[15]

Einen bedeutenden Schritt weiter ging Bruno Bauer in der radikal-kritischen Phase seiner Entwicklung zu Anfang der 40er Jahre. Die Gesellschaft der Zukunft sollte die Überwindung jeder Religion zur Grundlage haben. Wäre diese Voraussetzung erfüllt, bräuchten die Juden keinen Kampf um ihre Gleichberechtigung zu führen, sie würde ihnen nach dem Wegfall der religiösen Gegensätze von selbst zufallen. Erkannten die Juden ihr wahres Interesse, so würden sie mit den kritischen Wegbereitern der Gesellschaft der Zukunft gemeinsame Sache machen und alle Religionen bekämpfen. Da sie die gegebenen Zustände bejahen, nichts gegen die christliche Religion unternehmen und bloß für die Bekenner des Judentums gleiche Rechte mit den Christen erstreben, sei ihr Begehren angesichts der partikularistischen Züge der jüdischen Religion hoffnungslos und unberechtigt.[16]

Die erwähnten Argumente, wie viele andere nicht genannten, entsprangen selbstverständlich nicht der grundsätzlichen Stellung zur Emanzipation. Die Erwägungen waren von wirtschaftlich-sozialen Beobachtungen und religiös-kulturellen und moralischen Urteilen über jüdisches Betragen und jüdische Mentalität begleitet. Das Objekt dieser Beobachtungen war jetzt im Gegensatz zu früheren Epochen nicht der armselige und verachtete jüdische Trödler, sondern der reiche Bankier. Handelte es sich doch um die Epoche der halb-emanzipierten, aber wirtschaftlich hochkommenden Finanziers, repräsentiert durch die Gebrüder Rothschild. Freilich übertrug sich manches von dem früher am Trödler haftenden Makel auf die jetzt beneideten Geldmächtigen, als ob alle von Juden getätigten wirtschaftlichen Transaktionen von gleich zweifelhaftem Charakter wären. Diese wurden oft mit dem der jüdischen Trödelei vorbehaltenen Begriff des Schachers bezeichnet.

Auch die moralischen Urteile derjenigen, die eine volle Emanzipation in Aussicht stellten, fielen meist negativ aus, vielleicht noch mehr als bei denen, die sie ablehnten. Die künftige Anhebung des Status der Juden wurde immer von ihrer grundlegenden Verwandlung abhängig gemacht, so daß der gegenwärtige Zustand getrost kritisiert werden konnte.

Den Höhepunkt dieser dialektischen Einschätzung erreichte die Judenkritik bei Karl Marx, nur daß bei ihm die zu erwartende Verwandlung nicht die Juden als Menschen betrifft, sondern das von ihnen mitgetragene wirtschaftliche System. Karl Marx' Schrift von 1844, „Die Judenfrage", setzte die Polemik des gleichnamigen Pamphlets von Bruno Bauer fort. Hatte Bauer die Emanzipation der Juden als Folge der freiwilligen Selbstbefreiung von der Last ihrer Religion in Aussicht gestellt, so erschien Karl Marx die Religion nicht als selbständiger Faktor. Religion sei nur die spirituelle Reflexion der materiell-wirtschaftlichen Gegebenheiten, die jüdische Religion speziell der Ausdruck kapitalistischer Geldwirtschaft, die die Juden mitverantworten. Befreit, d. h. emanzipiert, werden die Juden erst, wenn das System der Geldwirtschaft samt seinem religiösen Spiegelbild im Judentum von einer neuen Phase der wirtschaftlichen Entwicklung abgelöst wird. Bis dahin seien sie dem auch moralisch verderblichen Schacher verfallen, und man dürfe sie zusammen mit dem von ihnen gestützten System züchtigen, um ihre verstockte Selbsttäuschung an den Pranger zu stellen.[17]

Die grundsätzliche Bejahung der Judenemanzipation schließt also keineswegs eine gleichzeitige Abneigung gegen Juden und Judentum aus. Eine solche Verbindung ist im Gegenteil geradezu charakteristisch für die Wagnerschen Entwicklungsjahre. Es braucht uns also nicht im mindesten zu wundern, wenn Wagner sich im Rückblick auf seine Frühzeit als ein Parteigänger der jüdischen Aspirationen vorstellt und zugleich von seiner Distanzierung gegenüber Juden spricht.[18] Wie weit freilich diese Distanzierung ging, kann erst aufgrund der zeitgenössischen Quellen festgestellt werden.

Bevor wir zu dieser Untersuchung gelangen, müssen wir uns dem zweiten, die Frühzeit Wagners charakterisierenden Moment, dem Stand der jüdischen kulturellen Anpassung, zuwenden.

Ohne Zweifel bestanden im zweiten Viertel des 19. Jahrhunderts noch in allen von Juden mitbewohnten Städten und Dörfern Reste der traditionellen jüdischen Gesellschaft. Die Dazugehörenden gaben sich in äußerer Erscheinung, in Sprache und Physiognomie sowie in innerer, geistig-seelischer Haltung als solche klar zu erkennen. Dieser Gegensatz zur Umwelt wurde von der christlichen Umgebung gewiß noch in den hergebrachten religiös bestimmten Begriffen empfunden. Doch neben

26

diesen Resten erschien bereits der kulturell angepaßte Typ, der durch private oder öffentliche Schulung oder durch Universitätsbesuch sein Gebaren, sein Denken und sein kulturelles Interesse dem Vorbild des entsprechenden Standes der nichtjüdischen Gesellschaft anpaßte. In den meisten Fällen hatte dieser Typ die jüdischen, den gesellschaftlichen Verkehr hemmenden Religionsvorschriften vernachlässigt oder ganz fallen lassen – ein Vorgang der Entfremdung, der nicht selten mit dem Übertritt zum Christentum endete. Dieser Anpassungsprozeß, der, wenn er alle Kreise der Judenheit erfaßt hätte, die sogenannte Judenfrage endgültig gelöst haben würde, entsprach den Erwartungen der liberalen Fürsprecher der Emanzipation. Anstelle der christlichen Hoffnung auf eine allgemeine Judenbekehrung trat jetzt das Verlangen nach einer allmählichen Angleichung.[19]

Das Vertrauen auf die Vollendung dieses Prozesses erwies sich jedoch nicht weniger problematisch oder problematischer als der eschatologische Glaube an die Judenkonversion. Handelte es sich hier um eine theologisch fundierte Annahme, die sich trotz wiederholter Enttäuschung nicht erschüttern ließ, war der Assimilationsprozeß ein empirisch nachvollziehbarer Vorgang, dessen Gelingen anhand von augenscheinlichen Tatsachen gemessen und beurteilt werden konnte. So war der jüdische Anpassungsprozeß der dauernden Kontrolle der Umgebung ausgesetzt und von mehr oder weniger verdächtigenden Fragen begleitet: Ist die jüdische Anpassung schnell genug, ist sie nicht nur auf einen Kreis am Rande der jüdischen Gesellschaft beschränkt, rührt die scheinbare Verwandlung an den inneren Kern des Juden, oder haftet sie vielmehr nur an seiner äußeren Erscheinung? Selbst wenn die Anpassung zum Übertritt zum Christentum führte, hatte der Akt keineswegs alle Fragen beschwichtigt. In früheren Epochen glaubten die

Christen an die verwandelnde Kraft der Taufe. Der jüdische Konvertit wurde als Neugeborener angesehen, löste sich sozial von seiner Ursprungsgemeinde und wurde in die christliche Gesellschaft verpflanzt. Erfolgte die Taufe jedoch nur wegen Angleichung an die Umgebung, so konnte keine spirituelle Verwandlung vorausgesetzt und der Getaufte nicht ohne Vorbehalt in die nicht-jüdische Umgebung aufgenommen werden. Er blieb meistens auch dem eigenen Bewußtsein nach seinem jüdischen Ursprung verhaftet und den skeptischen Blicken der Umgebung weiter ausgesetzt.

Die mehr oder weniger latente Skepsis gegenüber einer vollen Assimilation beruhte auf der tradierten Meinung über Judentum, derzufolge alles Jüdische als verdorben und verderblich galt, so daß die Aufnahme der Juden in das Staats- und Gesellschaftsgefüge an das Verschwinden der Spuren jüdischer Mentalität gebunden schien. War nun die Entjudaisierung sozusagen eine Vorbedingung für die passive Anteilnahme am Leben der sich emanzipierenden Gesellschaft, so mußte diese Forderung noch stärker hervortreten, wenn die Juden sich als potentielle Mitarbeiter im Rahmen der Fortbildung der nationalen Kultur meldeten. Daß dies früher oder später geschah, war unvermeidlich. Sobald die Akkulturation genügend Fortschritte machte und eine Generation von Juden entstand, die sich in die Sprache und die kulturelle Tradition der Umgebung einlebte, war es zu erwarten, daß die Begabten unter ihnen sich auch schöpferisch in Kunst und Wissenschaft äußern würden. Diesen Äußerungen wurde speziell bei Künstlern eine gewisse Skepsis entgegengebracht, lange bevor sie sich in Richard Wagners Ausdrücken zum Paroxysmus steigerte.[20]

Ein gewisses Staunen selbst von seiten der den Juden Wohlgesinnten begleitete das Auftauchen von jüdischen Komponisten oder Dichtern. Carl Friedrich Zelter erwähnte in einem Brief an Goethe seinen begabten Schüler Felix Mendelssohn-Bartholdy, konnte jedoch nicht umhin zu bemerken: „Er ist zwar ein Judensohn aber kein Jude ... Es wäre wirklich einmal eppes Rores, wenn aus einem Judensohne ein Künstler würde".[21] Der Gebrauch der zwei jüdisch-deutschen Wörter deutet hier auf die stereotype Einordnung der Juden als nicht ganz zum deutschen Kulturkreis gehörig – eine Bewertung, die trotz der Taufe des ‚Judensohnes‘ aufrechterhalten bleibt. Die Taufe ist eine Vorbedingung für das Niederreißen der Schranken, ohne jedoch dem Getauften eine Künstlerkarriere selbst bei großer Begabung zu garantieren.

Der künstlerische Erfolg Mendelssohns, dokumentiert im Urteil der Zeitgenossen, scheint nun diese Prognose seines Lehrers zu widerlegen. Und doch ist sie nicht ohne ironische Erfüllung geblieben. Felix Mendelssohn war doch, wie wir noch sehen werden, eine der Gestalten, an denen Wagner seine These von der Unfähigkeit eines Juden, sich schöpferisch an der Kultur der Umgebung zu beteiligen, exemplifizierte. Trotz Taufe und Erfolg ist also Mendelssohn der Vorwurf der jüdischen Unzulänglichkeit nicht erspart geblieben. Entsprang nun dieser Vorwurf, wie zufällig, der sehr eigenwilligen Wagnerschen Verfolgungssucht, die wir bald kennenlernen werden, oder entspricht der Vorgang einer Gesetzmäßigkeit? Verallgemeinert dürfte die Frage lauten: Wo ist die Grenze zwischen der sachgemäßen Beurteilung der individuellen Leistung eines Juden und der Zurechnung seiner Eigenschaften zu einem kollektiven Judenstereotyp.

Gewiß kann die mehr oder weniger tiefe Verwurzelung des anti-jüdischen Vorurteils im Bewußtsein des Kritikers die Entscheidung darüber beeinflussen. Doch dürfte dafür auch eine bestimmte Regel gelten. Eine Chance für die sachgemäße Bewertung besteht so lange, wie sich der Kritiker nicht in einer Konfliktsituation mit dem Objekt seiner Untersuchung befindet. Tritt eine Spannung zwischen den beiden auf, stellt sich leicht eine stereotype Zuordnung ein. Auch Wagner begann sich abschätzig über jüdische künstlerische Leistungen zu äußern, als er sich seines bedrückenden Konflikts mit einem Juden, Giacomo Meyerbeer, bewußt wurde. Die Gültigkeit der Regel erweist sich jedoch bereits an den Biographien zweier Zeitgenossen, Ludwig Börne und Heinrich Heine, die uns übrigens auch in der Wagnerschen Abrechnung mit Juden begegnen werden.

Börne und Heine sind die führenden Gestalten jüdischer Herkunft, die im zweiten Viertel des 19. Jahrhunderts in der deutschen Gesellschaft und darüber hinaus eine bedeutende Rolle spielten. Beide hielten den Übertritt zum Christentum für eine unumgängliche Bedingung, um ihr Ziel zu erreichen. Ob sie damit recht hatten, oder ob Börne als Publizist und Redakteur und Heine als Schriftsteller und Dichter auch als Juden ihren Platz hätten behaupten können, läßt sich kaum entscheiden. Gewiß ist, daß ihr Übertritt zum Christentum sie in den Augen der Umwelt nicht zu Christen gemacht hat. Sie selbst haben immer wieder klagend oder ironisch bemerkt, daß sie unentwegt als Juden angesprochen und behandelt wurden. Dies versperrte ihnen jedoch nicht den Weg zur literarischen Betätigung, ja zu Erfolg und Ruhm.[22]

Trotz des Obrigkeitsstaates und seiner Zensur entwickelte sich auch in Deutschland, wohl gefördert durch die Vielstaatlichkeit, eine relativ freie, vom Bürgertum getragene Öffentlichkeit. Begabung und Leistung, die den Erwartungen des Leserpublikums entsprach, waren hier ausschlaggebend. Begabt waren die beiden Schriftsteller jüdischer Herkunft, und ihre Geistes- und Gemütsrichtung kam dem Bedürfnis und dem Geschmack weiter

Kreise des Bürgertums entgegen. So gewährt ihnen ihre publizistische und dichterische Leistung eine ihr Judentum verdeckende Immunität. Diese hielt stand, solange die von ihnen vertretenen Ansichten bejaht wurden. Fanden sich Leser oder Kritiker, die daran Anstoß nahmen, erinnerte man sich schnell an ihre jüdische Herkunft.

Dieser Vorgang wird in größtmöglicher Klarheit durch den Angriff des Gymnasiallehrers Dr. Eduard Meyer gegen Börne anläßlich der Veröffentlichung seiner Pariser Briefe im Jahre 1831 dokumentiert. Der Titel von Meyers Pamphlet, „Gegen L. Börne, den Wahrheit-, Recht- und Ehrvergessenen Briefsteller aus Paris"[23], verrät nicht die Absicht des Verfassers, Börne als Juden zu apostrophieren. Zu beanstanden hatte er Börnes Respektlosigkeit gegen den Dichterfürsten Goethe, den Börne wegen seines politischen Konservativismus aufs Korn genommen hatte. Die Zurückführung von Börnes Benehmen auf sein Judentum wird vorerst nur durch seine Assoziation mit Heinrich Heine und Moritz Gottlieb Saphir angedeutet, die sich ähnliches hätten zuschulden kommen lassen.[24] Sich in der Ablesung des Sündenregisters seiner Opfer ereifernd, mündet Meyers Litanei in dem charakteristischen Satz: „Das heißt denn doch abermals die Unverschämtheit weit getrieben, und eine gerechte Aufwallung mag folgende Worte entschuldigen, die sonst vielleicht besser unterdrückt wären. *Börne* ist ein *Jude*, wie *Heine*, wie *Saphir* (im Original gesperrt). Getauft oder nicht, das gilt gleichviel".[25]

Die gute Sitte hätte also verlangt, bei der Beanstandung seines Benehmens die jüdische Herkunft des Gegners außer acht zu lassen. Meyer mußte sich zuerst einen Ruck gegen, um seine Hemmung zu überwinden. Um so heftiger bricht dann der verhaltene Groll durch gegen die einzelnen Personen und gegen die ganze Judenschaft. „Nicht den Glauben der Juden hassen wir, wie sie selbst uns gerne zu ihrer Entschuldigung glauben machen möchten, sondern die vielen häßlichen Eigentümlichkeiten dieser Asiaten, die mit der Taufe nicht so leicht abgelegt werden können; die unter ihnen so häufige Unverschämtheit und Anmaßung, die Unsittlichkeit und Leichtfertigkeit, ihr vorlautes Wesen und ihre oft so gemeine Grundgesinnung".[26] Hier haben wir in Reinkultur die Verschiebung der ideologischen Begründung vom Religiösen zum Charakterologischen. Im Hinblick auf Erscheinungen wie die drei getauften Juden, die weder von sich noch von anderen in irgendeinem kirchlichen oder auch nur weltanschaulichen Sinne als Christen angesehen werden konnten, mußte die Unterscheidung zwischen Juden und Christen auf rein religiöser Basis versagen.

Gehässig, aber in der Sache nicht unkorrekt, charakterisiert Meyer Börne und Heine als „Mitteldinger", die zu „keinem Volke, zu keinem Staat, zu keiner Gemeinde" gehören und durch die nötige Pietät unbelastet zu radikalen Kritikern der bestehenden Zustände werden.[27] Freilich waren in dieser Zeit der rapiden politisch-gesellschaftlichen Veränderungen jüdische Intellektuelle nicht die einzigen, die sich sozusagen außerhalb der bestehenden Ordnung ansiedelten. Typischerweise verbindet jedoch der konservativ gesinnte Meyer die radikale Neigung der Gesellschaftskritiker mit ihrer jüdischen Herkunft und Mentalität. So wird die Gesellschaftskritik selbst als jüdisches Produkt abgetan und neutralisiert; dadurch blieb ihren Gegnern eine Auseinandersetzung mit ihr erspart. Daß es sich bei diesem Vorgang nicht bloß um eine persönliche Taktik von Meyer, sondern um eine in der Situation angelegte Methode handelt, wird durch die Rolle bewiesen, die das jüdische Moment in der Polemik um die „Jungdeutsche Bewegung" spielte.

Wie bekannt war mit dem Namen „Jungdeutsch" eine

Gruppe von Schriftstellern der 30er Jahre des 19. Jahrhunderts gemeint, die weder organisatorisch noch anderweitig verbunden waren, aber durch eine radikale Kritik nicht nur der bestehenden Zustände, sondern auch der herrschenden Religionsbegriffe und Moralität hervortraten. Wenn bei dieser Gruppe überhaupt von einer Führung die Rede sein kann, so war diese nicht-jüdisch. An erster Stelle wäre Karl Gutzkow zu nennen, der wegen seines für unmoralisch erklärten Romans „Wally" (1835) gerichtlich verfolgt wurde. Eine nicht unbedeutende Rolle spielte Heinrich Laube, der durch seinen Roman „Das junge Europa" (1833) zur Kreierung des Namens Jungdeutsch beigetragen hatte und ebenfalls wegen radikaler Äußerungen zu Gefängnisstrafen verurteilt worden war.[28]

Börne und besonders Heine konnten der Gruppe nur insofern zugerechnet werden, als manche ihrer Ideen, namentlich die Befreiung des Fleisches vom Geist, von Heine in einer bestimmten Epoche seiner Entwicklung vertreten, von den Jungdeutschen aufgegriffen wurden. Daß trotz der unbezweifelbar christlichen Herkunft der meisten Jungdeutschen ihre Richtung von den Gegnern als jüdisch verschrien wurde, ist nur durch die oben erwähnte Neigung zu erklären, den jüdischen Namen als diskreditierende Waffe zu verwenden.

Die literarische Diskreditierung begann mit einer Bemerkung Wolfang Menzels, der sich in seiner Polemik gegen die Jungdeutschen auf eine sich angeblich im Umlauf befindende Redensart bezog, wonach die jungdeutsche Bewegung eher „jungpalästinensisch" genannt werden sollte.[29] Menzel akzeptierte diese Unterstellung, ohne sich um Beweise dafür zu bemühen. Was er unterließ, besorgten zwei anonyme Pamphlete, „Votum über das junge Deutschland" und „Die Jeune Allemagne in Deutschland", beide erschienen 1836.

Der Verfasser des ersten Pamphlets widmete den größten Teil seiner Schrift dem berüchtigten Roman von Gutzkow, führte jedoch dessen amoralische Tendenz auf die „Sympathie und Wahlverwandtschaft zu jenem Volke", den „Kindern Israels" zurück. Dann entdeckte er jüdische Charakterzüge in Gutzkows Mentalität, „das desorganisierte Talent, der ätzende und fressende Verstand".[30] Das zweite Pamphlet deutet schon in seinem Titel an, daß die Quelle der jungdeutschen Gesinnung in Frankreich zu suchen sei. Der deutsche Geist, dank seines religiösen Fundaments, gäbe keinen Nährboden für ein solches Gewächs ab. Wer hat es also nach Deutschland verpflanzt? Es waren die Juden, den Franzosen in bezug auf Schmiegsamkeit und Frivolität verwandt.[31] Hier wird also der jüdische Geist als übertragendes Medium dargestellt, so daß infolge der kulturellen Berührung mit Juden jüdisches Wesen auch bei Nichtjuden zu entdecken ist – eine These, die wir auch bei Richard Wagner vielfach wiederfinden werden.

Damit soll nicht gesagt werden, daß Wagner von Gegnern der Jungdeutschen beeinflußt war; er fühlte sich in seinen Entwicklungsjahren eher von den letzteren angezogen und mit einigen von ihnen – Heinrich Laube voran – stand er in engem persönlichen Kontakt. Das Paradoxe der Situation war, daß die Jungdeutschen zwar aufgrund ihrer angeblichen Affinität zum Judentum angegriffen wurden, sie selbst aber keineswegs dem Judentum Sympathie entgegenbrachten. Karl Gutzkow hatte viele persönliche Beziehungen zu jüdischen Intellektuellen und verfolgte mit Aufmerksamkeit die religiöse Gärung, die in den 30er und 40er Jahren die jüdischen Gemeinden erfaßte. Er war aber weit davon entfernt, den jüdischen Reformbestrebungen, die dem Judentum eine moderne Prägung geben und somit eine weitere Lebensfähigkeit erteilen wollten, mit Verständnis zu begegnen. Überzeugt von der absoluten Unzeitmäßigkeit des Judentums, vielleicht auch von seiner ursprünglichen Verderbtheit, verlangte er von den Juden die völlige Preisgabe ihres Erbes.[32]

Ähnlich war die Einstellung Heinrich Laubes. Seiner Ansicht nach „gab es in der Lösung der Judenfrage nur zwei Mittel, entweder man müsse die Juden völlig vernichten oder gänzlich emanzipieren". Dieser Satz wurde während des Wagnerstreites im Jahre 1869 von einem der Parteigänger Wagners als Parallele zur Wagnerschen Auffassung zitiert.[33] Unter völliger Emanzipation wurde hier das Verschwinden aller Spuren jüdischer Mentalität und jüdischen Wesens verstanden. Doch abgesehen von dieser allgemeinen Verneinung des Jüdischen gibt es eine Äußerung von Laube, die ihn als direkten Vorläufer Wagners in seinem Konflikt mit Meyerbeer und dessen anti-jüdischer Defamierung kennzeichnet. Diese von der Wagnerforschung unbeachtete Stelle befindet sich in der Einleitung Laubes zu seinem im Jahre 1847 erschienenen Drama „Struensee".[34] Ein gleichnamiges Schauspiel wurde auch von Michael Beer, dem begabten, früh verstorbenen Bruder Meyerbeers verfaßt. Die beiden Stücke gerieten so in eine Art Konkurrenzsituation. Als Laube sich nun um die Aufführung seines Dramas bemühte, glaubte er durch Meyerbeers Intrigen zugunsten des Schauspiels seines Bruders um seinen Erfolg gebracht worden zu sein. Laube behauptete, daß diese Verhaltensweise Meyerbeers gegen „den deutschen Stil" verstoße. „Es ist uns allen gründlich zuwider einen offenen Schacher mit Gegenständen der Kunst und Wissenschaft dergestalt zu treiben, daß dabei ein sogenannter Konkurrent – das Wort ist uns unausstehlich in der Literatur – in Nachteil kommen könne".[35] Laube erklärte nun, daß die Quelle des ungehörigen und undeutschen Verhaltens von Meyerbeer im Jüdischen zu suchen sei. „Ein fremdes

35

Element dringt in neuerer Zeit überall in unsere Bahnen, auch in die der Literatur. Dies ist das jüdische Element. Ich nenne es mit Betonung ein fremdes; denn die Juden sind eine von uns total verschiedene orientalische Nation heute noch, wie sie es vor zweitausend Jahren waren." Dann legte Laube seine Theorie über das erwünschte Verhalten gegenüber den Juden dar. „Entweder wir müssen Barbaren sein, und die Juden bis auf den letzten Mann austreiben, oder wir müssen sie uns einverleiben." Er wählte selbstverständlich die zweite Möglichkeit und gab gleichzeitig an, welches Mittel zu ihrer Realisierung geboten ist. Es ist „unsere heilige Pflicht wiederholt und schonungslos aufzudecken, was in ihren innerlichsten Lebensmaximen zu uns nicht paßt".[36] Sowohl die Diagnose als auch die angebliche Therapie werden sich in Richard Wagners Argumentation in fast wörtlicher Übernahme wiederfinden, ein philologischer Beweis dafür, daß seine anti-jüdischen Ausfälle zwar individuellen Motiven entsprangen, aber sich doch aus historisch vorgegebenen Quellen speisten.

1 Siehe Jacob Katz, *From Prejudice to Destruction, Anti-Semitism, 1700–1933*, Cambridge, Mass. 1982, S. 261–263; Reinhard Rürup, *Emanzipation und Antisemitismus*, Göttingen 1975, S. 95–103; Alex Bein, *Die Judenfrage, Biographie eines Weltproblems*, Stuttgart 1980, Bd. 2, S. 163–168.

2 Siehe die Darstellung in meinem in Anm. 1 angeführten Buch. Für eine methodische Auseinandersetzung mit dem Problem siehe Jacob Katz, „Misreadings of Anti-Semitism", *Commentary*, Juli 1983, S. 39–44.

3 Jacob Katz, *Exclusiveness and Tolerance, Studies in Jewish-Gentile Relations in Medieval and Modern Times*, Oxford 1961 (Taschenbuchausgabe: Schocken-Books, New York 1962).

4 Bein, *Judenfrage*, Bd. 1, S. 69–122.

5 Jacob Katz, *Out of the Ghetto, the Social Background of Jewish*

Emancipation 1770–1870, Cambridge, Mass. 1973 (Taschenbuchausgabe: Schocken-Books New York 1975).

6 Siehe Katz, *From Prejudice to Destruction*, Kap. 2–6.

7 Ludwig Geiger (Hrsg.) *Frau Rath Goethe, Gesammelte Briefe*, Leipzig o. D., S. 534; Volkman Eichstädt, *Bibliographie zur Geschichte der Judenfrage*, Hamburg 1938, S. 25, Nr. 294, 294a, 294b; Jacob Katz, *Jews and Freemasons in Europe 1723–1939*, Cambridge, Mass. 1970, Kap. 2, 4, 5.

8 Siehe Jacob Katz, *Zur Assimilation und Emanzipation der Juden*, Darmstadt 1982, S. 185–198.

9 Der Fortschritt in der Zulassung zu Freimaurerlogen ist ein gutes Beispiel dafür. Siehe Katz, *Jews and Freemasons*, Kap. 6–7.

10 Katz, *Zur Assimilation*, S. 46–71; *Out of the Ghetto*, Kap. 5, 10.

11 Katz, *From Prejudice to Destruction*, Kap. 4–7.

12 Ebenda, Kap. 12–13.

13 Ebenda, Kap. 15.

14 Ebenda, S. 72–73.

15 Ebenda, S. 155–158.

16 Dargelegt in *Die Judenfrage*, Braunschweig 1843. Analyse und Literatur darüber s. Katz, ebenda. S. 166–170.

17 Marx' *Zur Judenfrage* erschien im Jahre 1844. Sie ist abgedruckt in Siegfried Landshut (Hrsg.), *Die Frühschriften*, Stuttgart 1953, S. 171–207. Analyse und Literatur darüber, Katz, ebenda. S. 170–174.

18 Siehe Kap. 3.

19 Katz, *Out of the Ghetto*, Kap. 7.

20 Siehe meinen Aufsatz „German Culture and the Jews", *Commentary*, February 1984, S. 54–59.

21 Franz Kobler, *Juden und Judentum in deutschen Briefen aus drei Jahrhunderten*, Wien 1935, S. 259. (Reprint Jüdischer Verlag/Athenäum, Königstein 1984).

22 Börnes und Heines Stellung als Juden ist oft behandelt worden. Siehe Salomon Liptzin, *Germany's Stepchildren*, Cleveland and New York 1961, S. 27–44, 67–87.

23 Erschien in Altona 1831.

24 Ebenda, S. 5, 9–10. Über Saphir siehe Lothar Kahn, „Moritz Gottlieb Saphir", *Leo Baeck Institute Year Book* XX (1975), S. 247–257.

25 Meyer, S. 13.

26 Ebenda.

27 Ebenda, S. 14.

28 Über die Jungdeutschen siehe Helmut Koopmann, *Das junge Deutschland, Analyse seines Selbstverständnisses*, Stuttgart 1970.

29 Erwin Schuppe, *Der Burschenschaftler Wolfgang Menzel*, Frankfurt a/M. 1952, S. 108–109.

30 *Votum über das „Junge Deutschland"*, Stuttgart 1836, S. 30–31.

31 *Die Jeune Allemagne in Deutschland*, Stuttgart 1836, s. besonders S. 12–14, 19–21.

32 Kapitel „Karl Gutzkow und das Judentum" in Heinrich H. Houbens Buch *Gutzkow-Funde*, Berlin 1901, S. 144–280.

33 Das Zitat befindet sich in Julius Lang, *Die Versöhnung des Judenthums mit Richard Wagner*, Berlin 1864, S. 13. Wahrscheinlich handelt es sich dabei um eine freie Wiedergabe des unten angeführten Satzes, in der Einleitung aus „Struensee".

34 In Heinrich Laube, Gesammelte Werke, Leipzig 1909 ist „Struensee" in Bd. 24, S. 123–226. Nach dieser Ausgabe wird hier zitiert.

35 Ebenda, S. 131.

36 Die drei Zitate ebenda, S. 130.

DRITTES KAPITEL

Richard Wagner, der „Philosemit"

Richard Wagners Lebenslauf teilt sich sowohl dem äußeren Hergang als auch seiner inneren Entwicklung nach in
zwei Teile: Die Zeit bis zu seiner Flucht aus Dresden in
die Schweiz wegen seiner Beteiligung an der Revolution
von 1849; und die darauf folgenden 33 Jahre. In der
Schweiz entwickelte er seine radikale Kritik am Kunstleben der Gegenwart, wie sie im Aufsatz „Kunstwerk der
Zukunft" und im Buch „Oper und Drama" zum Ausdruck kommt. Dieser kritischen Richtung entspricht
auch seine Distanzierung gegenüber der künstlerischen
Leistung von Mendelssohn und die völlige Ablehnung
der Meyerbeerschen Produktion, die musikhistorisch gesehen den eigentlichen Inhalt der Schrift „Das Judentum
in der Musik" ausmachen. Freilich ist diese kritische Einstellung zu den beiden Komponisten nicht einfach an der
Beurteilung ihrer Leistungen orientiert, sondern eher mit
ihrer jüdischen Abstammung in Zusammenhang gebracht. Die augenscheinlichen Schwächen der Mendelssohnschen Musik und die völlige Unzulänglichkeit der
Meyerbeerschen Opern seien kein Zufall. Als Angehörige des jüdischen Stammes und als Träger des verkomme-
nen synagogalen Kults und der jüdischen Kultur sei den
beiden Komponisten, wie überhaupt allen jüdischen
Künstlern, der Weg zu Höchstleistungen, selbst bei großer individueller Begabung, wie sie Mendelssohn in der
Musik und Heinrich Heine in der Poesie besaßen, versagt.[1] Um diese Behauptung zu begründen, beschreibt
Wagner die angeblich in allem Jüdischen, in Rede wie in
Gesang, in musikalischer wie in dichterischer Gestaltung, offenbaren Mangelhaftigkeiten. Das Odium der

Minderwertigkeit wurde so fast unversehens auf die gesamte Stammesgemeinschaft der beiden Komponisten übertragen. Auf diese Weise entschlüpfte Wagners Feder ein anti-jüdisches Traktat, das mit Recht zu den antisemitischen Klassikern gezählt wird.

Diese Zuordnung der Wagnerschen Schrift kann nur aufgrund eines Vergleichs mit ähnlichen Publikationen früheren und späteren Datums geschehen. Zur Zeit ihrer anonymen Erstveröffentlichung im Jahre 1850 sowie bei dem unter vollem Namen erfolgten Abdruck im Jahre 1869 fehlte es fast ganz an Parallelen. Die zwanzig Jahre zwischen der Revolution von 1848/49 und der staatsbürgerlichen Gleichstellung aller Konfessionen in der Konstitution der von Preußen geführten Nordstaaten im Jahre 1869 dürfen als die ruhigste Phase der deutsch-jüdischen Integration angesehen werden. Der Widerstand gegen die politisch-rechtliche Gleichberechtigung trat während dieser Zeit sichtlich zurück, und der rapide Prozeß der sozialen und kulturellen Angleichung wurde nur selten von Gegenstimmen gestört.[2] Wagners Angriff galt durchaus als unzeitgemäß.

Auch biographisch gesehen mußten Wagners anti-jüdische Auslassungen frappierend wirken. Nichts kündigte in den brieflichen und sonstigen Äußerungen der vorangehenden Jahrzehnte eine anti-jüdische Gesinnung Wagners an. Im Gegensatz zu der darauffolgenden Periode war die vorangehende, also etwa 1830–1848, die den Entwicklungsjahren Wagners entsprach, eine vom Standpunkt der Juden und ihrer Belange bewegte und aufregende Zeit. Da wurde noch viel um die Befähigung der Juden zur Staatsbürgerschaft und zur gesellschaftlichen Gleichsetzung gestritten. Die Analyse der Wagnerschen Schrift im nächsten Kapitel wird zeigen, daß vieles von dem, was zu jener Zeit gegen die Juden gesagt wurde, sich im Bewußtsein Wagners festgesetzt hatte, um dann in seiner anti-jüdischen Phase zum Durchbruch zu kommen. Da aus der Zeit vor dem „Judentum in der Musik" keine anti-jüdischen Äußerungen vorlagen, haben die Forscher, die Wagners Antisemitismus nachgegangen sind, diese Epoche vollkommen vernachlässigt – zu Unrecht. Denn will man die Motive und die Tragweite seiner Judenfeindseligkeit begreifen, so muß ihre Entstehung aus Wagners Beziehungen zu Juden und Judentum verständlich erläutert werden. Dabei müssen Wagners nachträgliche Aussagen darüber, wie er zu Juden und Judentum gestanden hatte, anhand der zeitgenössischen Zeugnisse geprüft und dementsprechend beurteilt werden. Vorsicht gegenüber rückbezogenen Selbstzeugnissen ist bei jeder biographischen Untersuchung geboten. Bei einer so leidenschaftlich subjektiven Natur, wie Wagner sie war, müssen solche Aussagen mit doppeltem Mißtrauen behandelt werden.

Im „Judentum in der Musik" erklärte Wagner, zur Zeit des Streits um die Judenemanzipation, d. h. in den 30er und 40er Jahren, zu „den Kämpfern" für die Sache der Juden gehört zu haben.[3] An Zeugnissen einer aktiven Teilnahme an der öffentlichen Diskussion oder gar einer politischen Aktion zugunsten der Juden fehlt es jedoch. Wagner selbst wird bei dieser Äußerung an seine allgemeine Sympathie, die er als liberal Gesinnter mit den Vorkämpfern für die bürgerliche Gleichstellung der Juden teilte, gedacht haben. Wenn aber Wagner gleichzeitig behauptet, daß bei allem Einsatz für die Judenemanzipation man sich „bei wirklicher tätiger Berührung mit Juden, von diesen unwillkürlich stets abgestoßen" fühlte,[4] so wird dies wenigstens was die Gebildeten unter den Juden betrifft, mit denen er zu tun hatte, von den Tatsachen widerlegt.

Wagner hatte wiederholt Kontakt mit Juden, ungetauften wie getauften – der Akt der Taufe änderte in seinen Augen, wie in den Augen der meisten Zeitgenossen, nichts am Jude-Sein des Betreffenden. Mit einigen war sein Kontakt formell, mit anderen vertraulich oder gar freundschaftlich. Niemals ist in dieser Zeit auch nur eine Spur des Gefühls der Distanz oder gar der Abneigung seitens Wagners zu spüren. In August Lewald hoffte Wagner noch in seiner Rigaer Zeit 1837/38 einen Förderer seiner schriftstellerischen und musikalischen Publikationen zu finden. Nicht ohne einen Anflug der Schmeichelei erwähnte er in einem Brief an Lewald „die glänzende Stellung, die Sie in der deutschen Journalistik einnehmen". Er setzte auf die bekannte Hilfsbereitschaft Lewalds für angehende Künstler und hoffte, daß sich auch in seinem Fall erweisen werde, „was ein Deutscher für einen Deutschen tun kann". In der Tat werden während seiner Pariser Notzeit die gut honorierten Publikationen in Lewalds „Europa" zu einer dankbar quittierten Einnahmequelle.[5] Lewalds jüdische Herkunft – er war bereits in seiner Jugend getauft[6] –, die Wagner gewiß nicht unbekannt war, wird von ihm nirgends auch nur erwähnt.

Dies könnte man freilich auf die Tatsache zurückführen, daß es mit Lewald nie zu Konflikten oder Spannungen kam. Aber in der vor-antisemitischen Periode Wagners bleibt die jüdische Herkunft seiner Partner auch dann unerwähnt, wenn die Beziehungen durch Anklagen und Verdächtigungen belastet waren. In der ersten Phase seines schweren Existenzkampfes in Magdeburg, Berlin und Königsberg fühlte sich Wagner von einem seiner Gläubiger, Herrn Gottschalk – ohne Zweifel ein Jude – zu Unrecht bedrängt. Wagner drohte, daß, sollte Herr Gottschalk auf seinen Zahlungsterminen bestehen, er die Angelegenheit einem Justizkommissar übergeben werde, um die Art der Schuld aufzuklären, „wodurch jener gewiß zur Nachgiebigkeit gebracht" würde.[7] Die Schuldverschreibung kam also unter gesetzwidrigen Bedingungen zustande, und Herr Gottschalk erscheint als böser Wucherer. In Wagners antisemitischer Periode wäre ein viel geringeres Vergehen eines Juden seinen Stammeseigenheiten angelastet worden. Zur Zeit des Vorfalls im Jahre 1838 dagegen trägt der Wucherer allein seine individuelle Schuld.

Das Fehlen eines anti-jüdischen Affekts bei Wagner vor seinem Gesinnungswandel in den 50er Jahren wird besonders deutlich in seinen Beziehungen zu dem Musikverleger Maurice (Moritz) Schlesinger in Paris, an den ihn Meyerbeer empfohlen hatte, wohl in der Absicht, dem um die bare Existenz kämpfenden Wagner eine Einnahmequelle zu erschließen.[8] In der Tat wurde die Verbindung mit Schlesinger, nachdem alle Versuche, sich als Komponist durchzusetzen, gescheitert waren, eine Rettung in höchster Bedrängnis – eine Tatsache, die Richard Wagner auch später dankbar anerkannte. „Bewahren Sie mir Ihre Theilnahme, die mir so oft Hilfe in der Noth brachte", schrieb er in seinem ersten Brief an Schlesinger nach seinem Abschied von Paris im Jahre 1842.[9]

Die entscheidende Hilfeleistung Schlesingers bestand darin, Wagner mit musikalischen Korrekturarbeiten beauftragt zu haben, die ihn wohl über Wasser hielten, durch die er sich aber gleichzeitig deklassiert fühlte. Sicherlich war eine solche Lohnarbeit entwürdigend für einen von künstlerischem Ehrgeiz getriebenen jungen Mann, der von seinem zukünftigen Ruf fest überzeugt war und von dieser Überzeugung seinem Brotherrn gegenüber kein Hehl machte. Bei einer der häufigen Bitten um Vorschuß schrieb Wagner: „Hundert Franken, theuerster Herr Schlesinger, müssen Sie mir aber nothwendig von neuem vorschießen, sonst wüßte ich gar nicht wie Sie dereinst vor dem Richtstuhl der Nachwelt bestehen sollten, wenn es jemals heißen sollte: Moritz Schlesinger, der so wohltätige und umsichtige Moritz Schlesinger hat dem künftig jedenfalls so sehr berühmten Richard Wagner hundert Frcs. Vorschuß abgeschlagen".[10] Trotz des vertraulichen Tons war das Verhältnis zwischen den beiden durch die wirtschaftliche Abhängigkeit sichtlich belastet. Wagner wurde das Gefühl nicht los, daß seine Zwangslage von Schlesinger ausgenutzt wurde, was er in seiner Korrespondenz mit Freunden zwar nicht bösartig, aber deutlich genug zum Ausdruck brachte. „Der ist ein Lump", heißt es in einem Brief an einen gemeinsamen Bekannten in Paris, als Schlesinger bei einer Verrechnung nach Wagners Ansicht willkürlich vorgegangen war.[11] Aus einer antisemitischen Sichtweise heraus, wie sie Wagner später an den Tag legte, wäre die jüdische Herkunft des „Lumpen" bestimmt nicht unerwähnt geblieben.

Völkisch gesinnte Biographen Wagners wollten in der entehrenden Abhängigkeit Wagners von dem Juden Schlesinger eine der Ursachen seiner Bekehrung zum Antisemitismus finden.[12] Eine solche Interpretation kann sich höchstens auf eine spätere Äußerung in Wagners Autobiographie stützen, in der er Schlesinger als einen unangenehmen jüdischen Typus charakterisiert, ohne ihn jedoch für sein Notleiden verantwortlich zu machen.[13] Offenbar handelt es sich dabei um eine Rückdatierung seiner Antipathien gegen alles Jüdische, die ihn nach seiner antisemitischen Wendung erfaßten und ihn auch in anderen Fällen, wie wir noch sehen werden, zu einer Entstellung seiner Erinnerungen verleiteten.

Durch Schlesinger lernte Wagner den französisch-jüdischen Komponisten Fromental Halevy kennen – bei den Notenkopierungen handelte es sich meistens um Halevys Werke, von denen sich einige großen Publikumserfolgs erfreuten. Wagner hatte selbstverständlich sein eigenes Urteil. In einem Brief aus Paris an Robert Schumann, der, obwohl anonym, für die Öffentlichkeit bestimmt war – Schumann redigierte um diese Zeit die „Neue Zeitschrift für Musik" – beurteilte Wagner Halevys Werk wohlwollend und lobte ihn als Menschen. Sich auf die Aussagungen Halevys selbst stützend, versicherte Wagner, daß sich der Komponist nur aus wirtschaftlicher Not mit der populären Gattung der Oper abgebe. Wäre er vermögend, würde er sich der höheren Musik, Symphonien und Oratorien, widmen. Auf jeden Fall mache sich Halevy nichts vor: „Er ist offen und ehrlich und kein absichtlich schlauer Betrüger wie Meyerbeer".[14] So ähnlich – wenn auch in bezug auf Halevys musikalische Gattungswahl weniger versöhnend – lautete Wagners Urteil in seiner nach der Heimkehr aus Paris verfaßten „Autobiographischen Skizze".[15] Möglicherweise profitierte Halevy von der Auseinandersetzung mit Meyerbeer, an dem Wagner, wie wir bald sehen werden, um diese Zeit irre zu werden beginnt. Beide, Halevy und Meyerbeer, waren Juden, und Wagner war sich dieser Tatsache voll bewußt. Sein Urteil über sie, positiv oder negativ, blieb davon unberührt.

Wagners spätere Behauptungen, er hätte immer schon eine instinktive Abneigung gegen das jüdische Wesen seiner Bekannten empfunden, wird durch seine Beziehung zu einem seiner Pariser Leidensgenossen, Samuel Lehrs, widerlegt. Der aus Königsberg stammende Philologe – vor der Taufe der Familie in den 20er Jahren trug er den Namen Kaufmann – gehörte zum engsten Freundeskreis der Wagners in Paris, ein Kreis, der durch die gemeinsame Not und die Isolation der Emigration besonders eng zusammenhielt. Ein Jahr nach Wagners Abschied von Paris erlag Lehrs der Schwindsucht. Wagner nannte in seinen Erinnerungen seine Bekanntschaft mit Lehrs eines „der schönsten Freundschaftsverhältnisse meines Lebens", und diese Aussage wird durch die Korrespondenz mit Lehrs – und besonders durch das sorgenvolle Interesse für den kranken Freund im Briefwechsel mit den anderen Pariser Gefährten – eindeutig bestätigt.[16] Wahr ist, daß die jüdische Herkunft Lehrs weder in den zeitgenössischen Zeugnissen noch in den nachträglichen Erinnerungen erwähnt wird. Nicht daß die Tatsache unbekannt gewesen wäre oder daß Lehrs selbst ein Hehl daraus gemacht hätte. Nach der Taufe erhielt Lehrs den Namen Siegmund, doch zog er es vor, weiter Samuel genannt zu werden.[17] Wagners Schweigen über Lehrs jüdische Herkunft ist der Tatsache zuzuschreiben, daß zu seinen Lebzeiten das Judenproblem Wagner noch kaum beschäftigte und die spätere Wendung in Wagners Gesinnung die Erinnerung an den betrauerten Freund nicht zu trüben vermochte.

Völlig anders verhielt es sich mit Freunden und Bekannten, die Wagners Entwicklung miterlebt hatten.

In Dresden, wo Wagner sich nach seiner Rückkehr aus Paris 1842 niederließ und im nächsten Jahr als Hofkapellmeister etablierte, verkehrte er freundschaftlich mit dem getauften und reichen Ferdinand Hiller, den er anscheinend auch als Musiker für nicht ganz unbedeutend hielt und als Dirigent vorbehaltlos lobte.[18] Daß er Hiller um eine hohe Anleihe – 2000 Taler für die Drucklegung seiner musikalischen Werke – anging, weil er ihm gegenüber „gar keine Pein und Scheu empfinde", hat angesichts der bekannten Wagnerschen Hemmungslosigkeit in Geldsachen vielleicht nicht viel zu sagen.[19] Der freundschaftliche Verkehr der beiden wurde auf jeden Fall durch Hillers Absage nicht gestört. Die Empfehlung Hillers als Komponisten für den Operntext einer uns unbekannten Dichterin und als Dirigenten für die Dresdner Liedertafel mag auch egoistischen Motiven entsprungen sein.[20] Wagner wollte wohl der Dichterin, die an Wagner empfohlen wurde, wenigstens einen guten Rat gegeben haben, und die Wahl Hillers als musikalischen Leiter der Liedertafel sollte Wagner selbst von einer lästigen und unbesoldeten Nebenbeschäftigung befreien. Wie es auch sein mag, der Ton der Briefe an Hiller und die Äußerungen über ihn verraten nicht die geringste Spur von Reserviertheit, die man auf Hillers jüdischen Ursprung zurückführen könnte. Solche Urteile über Hiller, denen wir später begegnen werden, müssen also wieder als Projektion späterer Gefühle verstanden werden.

In noch deutlicherem Gegensatz stehen Wagners Urteile seiner vor- und nach-antisemitischen Zeit über Berthold Auerbach. Die erste Begegnung der beiden stand im Zeichen gegenseitiger Begeisterung. Wagner schrieb am 9. Oktober 1846 an einen Freund: „Mit Auerbach bin ich seit einigen Tagen herzlich Freund geworden: er las uns seine neue Erzählung vor, und ich gab ihm zum ersten Mal den Tannhäuser zum Besten. Das ist ein vortrefflicher Dichter, und was hat er für Freude an sich und seinem Dichten".[21] Daß diese Sympathie erwidert wurde, ist bezeugt in einem Brief Auerbachs an einen Bekannten eine Woche später. „Ich komme soeben von einem Spaziergang mit M. [eissner] und mit dem Kapellmeister Richard Wagner. Diesen Freund habe ich Dir zu nennen vergessen, und doch ist er eine sehr bedeutende Erscheinung, voll von einer fast fieberhaften Lebendigkeit und Geistigkeit".[22] Auerbach berichtete dann über die Gegenstände ihres gemeinsamen Interesses, und von Wagners Autobiographie erfahren wir, daß auch das Judentum betreffende Fragen dazu gehörten. Wagner betonte, daß Auerbach der einzige seiner jüdischen Bekannten war, der gerne und unbefangen über jüdische Themen diskutierte.[23] Als Wagner dieses schrieb, war er bereits in seine anti-jüdischen Vorstellungen verstrickt, so daß sein Bericht, wie wir noch sehen werden, von einem geringschätzigen Unterton auch gegenüber dem stolzen Juden Auerbach beherrscht ist. Zur Zeit ihrer Begegnung in Dresden war Wagners Begeisterung trotz Auerbachs offenem Bekenntnis zum Judentum, oder vielleicht gerade deswegen, ungetrübt.

Am auffallendsten ist die Meinungsverschiebung Wagners in der Beurteilung Heinrich Heines, dem im „Judentum in der Musik" eine analoge Stellung in der Dichtkunst zu der Meyerbeers in der Musik zugewiesen wird und der auch in späteren Äußerungen Zielscheibe giftspeiender Aperçus bleibt.[24] Doch in der Pariser Zeit waren Wagners Beziehungen zu Heine durchaus positiv. Wagner lernte Heine durch die Vermittlung Heinrich Laubes kennen. Vom Eindruck, den Heines Schriften auf ihn machten, zeugt die Nachahmung seines Stils, den die Wagner-Forschung in seinen literarischen Produktionen dieser Zeit vielfach nachwies. Diese sind teilweise sogar dem Thema nach, nämlich der Skizzierung Pariser Umstände, am Heineschen Vorbild orientiert. Wagner vertonte das Heinesche Gedicht „Die zwei Grenadiere", und daß er Heinesche Motive für seinen „Fliegenden Holländer" und den „Tannhäuser" entlehnt hat, ist bekannt.[25] In bezug auf Wagners Urteil über Heine sind wir jedoch nicht auf indirekte Beweise angewiesen. Einer der vielen Zeitungsartikel, mit denen sich Wagner in der Pariser Notzeit über Wasser hielt, war der Rechtfertigung des vielfach angegriffenen Dichters gewidmet. Der unmittelbare Anlaß des im August 1841 in der „Dresdner Abend-Zeitung" veröffentlichten Artikels war das Duell Heines mit Salomon Strauss, dem Ehemann von Ludwig Börnes Freundin. Wagner nahm die Gelegenheit wahr, den Deutschen die Leviten zu lesen für die Verjagung eines Talents, „wie Deutschland wenig ähnliche aufzuweisen hat" und „das bei glücklicherer Pflege an die größten Namen unserer Literatur gereicht haben würde".[26] Dieses Lob steht in krassem Gegensatz zu

späteren Verunglimpfungen von Heines Dichtung und
Charakter. Soviel wir wissen, ist die Abkehr von Heine
in keiner Weise durch eine persönliche Enttäuschung
hervorgerufen worden. Sie ist vielmehr ein Beiwerk der
antisemitischen Verwandlung, die in unmittelbarem Zusammenhang mit Wagners Beziehungen zu seinen jüdischen musikalischen Vorgängern, Mendelssohn und
Meyerbeer, steht. Diese Beziehungen verdienen daher
unsere besondere Aufmerksamkeit.

Als beginnender Komponist sah Wagner in Mendelssohn ohne Zweifel ein leuchtendes Vorbild. Im Alter von
22 Jahren schrieb er 1835 an einen Jugendfreund: „Vielleicht liefere ich etwas Ähnliches wie Mendelssohn."[27]
Sieben Jahre später – nach seiner Rückkehr aus Paris –
würdigte er Mendelssohns Leistung, diesmal in der wohl
überlegten Fassung seiner „Autobiographischen Skizze"
als einen Neubeginn nach Beethoven. Dieser hatte „einen
Schlußstein einer großen Kunstepoche" gesetzt, der
nichts hinzuzufügen war. Mendelssohn sei einer richtigen Selbsterkenntnis gefolgt, als er mit der neuen musikalischen Gattung der „kleinen Orchesterkomposition
hervortrat".[28] Diese Selbsterkenntnis sah Wagner auch
für sich als verpflichtend.

Bekanntlich blieb die Beziehung zu Mendelssohn
nicht bei einer Verehrung aus der Entfernung. Schon
während Wagners Zeit in Magdeburg 1836 näherte er
sich Mendelssohn, der damals zum Gewandhauskapell-
meister in Leipzig ernannt wurde. Er schickte ein Ju-
gendwerk – eine Symphonie, die er mit 18 Jahren geschrieben hatte – dem kaum älteren, aber bereits arrivier-
ten Komponisten als Geschenk, um ihn für seine späteren Arbeiten zu interessieren und ihm überhaupt näher-
zukommen.[29] Die besagte Symphonie ging verloren, wofür Wagner später Mendelssohn die Schuld gab und ihn
gelegentlich sogar der bewußten Vernichtung der Vorla-

ge verdächtigte.[30] Einer der modernen Biographen Wagners glaubte in dieser Episode den eigentlichen Ursprung des Wagnerschen Ressentiments gegen Mendelssohn zu entdecken[31] – eine Vermutung, die von der Realität widerlegt wird. Denn auch noch nach der Rückkehr aus Paris vertraute Wagner bei seinem Versuch, in Berlin oder Dresden Fuß zu fassen, auf die Hilfe Mendelssohns, „der mich in jeder Hinsicht sehr freundschaftlich aufnahm".[32]

Erst als die Leipziger „Allgemeine Musikalische Zeitung", „dieses Organ Mendelssohns", die beiden Opern „Rienzi" und „Der fliegende Holländer", die übrigens auch sonst auf wenig Verständnis stießen, mit Schweigen überging, kam eine Mißstimmung gegen Mendelssohn auf. Typischerweise schloß Wagner sofort auf den „wahren Charakter" des „weithin angebeteten Tonfürsten" und wußte aus „guter Quelle", sein Verhalten auf Eifersucht zurückzuführen.[33] Kurze Zeit danach geriet Wagner in eine Art Wettbewerb mit Mendelssohn. Je ein Gesang der beiden Künstler wurde bei der Enthüllung eines Denkmals zu Ehren von Friedrich August, König von Sachsen, dargeboten. Über diesen Wettstreit, aus dem er mit dem Gefühl hervorging, den Sieg davongetragen zu haben, berichtete er triumphierend seiner Frau, seinem Bruder und seiner Schwester: „Es herrscht nur *eine* Stimme darüber, daß meine Composition, die einfach und erhebend war, die Mendelssohn'sche, die compliziert und künstlich war, völlig geschlagen habe."[34] Bei der nächsten Begegnung, der höchst erfolgreichen Aufführung des „Fliegenden Holländers" in Berlin, lockerte sich die Spannung. „Mendelssohn ... kam nach der Vorstellung auf die Bühne, umarmte mich und gratulierte mir sehr herzlich", heißt es im Bericht an seine Frau. In einem dreizeiligen Brief an Mendelssohn bezeichnete Wagner die Tatsache, daß „ich Ihnen ein kleines Wenig näher gekommen ... das Liebste von meiner ganzen Berliner Expedition".[35] Diese Überschwenglichkeit zeugt offenbar von der Unsicherheit des um seine Anerkennung ringenden Musikers gegenüber dem gefeierten und gesellschaftlich wie finanziell bessergestellten Rivalen.

Zu einer dauerhaften Vertrautheit zwischen den beiden kam es nicht. Nur ein sachlicher Anlaß – die Gründung eines Komitees für die Errichtung eines Weber-Denkmals, führte zur Wiederaufnahme der Korrespondenz, wobei Wagner sich durch seine „Überbeschäftigung" entschuldigen zu müssen glaubte, daß er die Beziehung nicht aufrechterhalten hatte.[36] Im Bereich der musikalischen Zusammenarbeit erlebte Wagner eine seiner vielen Enttäuschungen, als die Aufführung der Tannhäuser-Overtüre in Leipzig unter der Leitung Mendelssohns ein völliges Fiasko wurde.[37] Die negative Komponente in seinem ambivalenten Verhältnis zu Mendelssohn kann sich dadurch nur gesteigert haben, und Wagner war nicht der Mann, der Vorbehalte gegen seine Rivalen nicht kundtat. Was er zu Lebzeiten Mendelssohns im vertrauten Kreis über ihn und seine musikalischen Leistungen äußerte, wissen wir nicht. Beim frühen und unerwarteten Tod des Komponisten schrieb er an einen Freund: „Was hast Du zu Mendelssohns Tod gesagt? Mögen wir beide noch eine Zeitlang leben." Ohne ein Wort des Bedauerns. Kurz darauf berichtete er dem Freund von einem anonymen „Brief aus Leipzig, worin mir mit höchster Gemeinheit die Art vorgeworfen ward, wie ich mich über Mendelssohns Tod geäußert haben sollte". Er schrieb diese Verleumdung Feinden zu, deren es „in Dresden eine starke Anzahl ... habe".[38] Ganz aus der Luft gegriffen scheint dieser Vorwurf nicht gewesen zu sein.

Daß die Beziehung zu Mendelssohn bereits zu dessen Lebzeiten problematisch war, ist also erwiesen. Vom Gesichtspunkt unserer Untersuchung ist es wichtig, daß bei den Vorbehalten gegenüber Mendelssohn dessen Jude-Sein, im Gegensatz zum späteren abschätzigen Urteil Wagners, keine Rolle spielt. Das gleiche werden wir feststellen können, wenn wir den Wandlungen, die die Beziehung zwischen Wagner und Meyerbeer erfuhr, nachgehen werden.[39]

Meyerbeer war fast eine Generation älter als Mendelssohn und stand in den schutzbedürftigen Jahren Wagners am Zenit seines Ruhmes, ein Ruhm, der sich in erster Linie auf den Erfolg in der Pariser Großen Oper gründete. Wagner war von Meyerbeers Lebenslauf fasziniert und glaubte, in seine Fußstapfen treten und ebenfalls über Paris Karriere machen zu müssen. Da er unbekannt war, versuchte er seine Karriere dadurch anzubahnen, daß er Meyerbeers Aufmerksamkeit auf seine Kompositionen lenkte und sich von ihm an die zuständigen Stellen weiterempfehlen ließ. Daß Meyerbeers Bemühungen in Paris zu keinem Erfolg führten, schrieb Wagner vorerst nicht dem mangelnden Eifer seines Mentors zu. Immerhin erhielt er von ihm direkte finanzielle Hilfe und Verbindungen, wie die zu Maurice Schlesinger, durch die er sich wenigstens über Wasser halten konnte. Auch verspürte Wagner keine Hemmungen, Meyerbeers Hilfe bei seinen meistens erfolglosen Vorstößen um Aufführung seiner Werke in Berlin und Dresden zu ersuchen. Diese Bitten sind von Ausdrücken der Lobhudelei und Selbsterniedrigung begleitet, die keineswegs dem üblichen Stil entsprachen und die man selbst nach Berücksichtigung von Wagners persönlicher Lage nur mit einer gewissen Verlegenheit lesen kann: „Mein angebeteter Gönner", „Mein Kopf und mein Herz gehören aber schon nicht mehr mir – das ist Ihr Eigen mein Meister"; „Ich muß Ihr Sclave mit Kopf und Leib werden ... denn ich gestehe offen, daß ich Sclaven-Natur in mir habe" – dies und ähnliches in einem einzigen Brief.[40]

Daß solche nicht vom Erfolg gekrönten Selbstentwür-
digungen zu guter Letzt in Ressentiment gegenüber ihrem Objekt umzuschlagen pflegen, liegt in der Natur der
Sache. In der Tat erfolgte die Wendung noch in der Pariser Zeit Wagners, und sie wurde durch die radikale Verschiebung in Wagners Urteil über die künstlerischen
Verdienste seines Mentors gefördert und verschärft. Die
frühere Bewunderung schlug in die Verneinung jeder
Originalität des Komponisten um. Meyerbeers unerhör-
ter Publikumserfolg wurde von Wagner der bewußten
Effekthascherei der musikalischen Darbietungen und
dem Gewicht des Geldbeutels des Rivalen bei den käufli-
chen Trägern der öffentlichen Meinung zugeschrieben.
Dieses negative Urteil über Meyerbeer wurde auch von
anderen zeitgenössischen Kritikern – so auch von Heinrich Heine – geteilt.[41] Ob mit Recht, mag im Zusammenhang unserer Problematik dahingestellt und den Sachverständigen der Musikgeschichte überlassen bleiben. Auf
jeden Fall war Wagners Urteil nicht ohne fachgemäße
Begründung. Hinzu kam noch das Gefühl der eigenen
künstlerischen Überlegenheit, die der Ablehnung von
Meyerbeers Musik eine besondere Schärfe verlieh. Und
nun sollte dieses vernichtende Urteil in einer Brust mit
der dankbaren Verehrung Meyerbeers als den selbstlosen
Gönner weilen. Wagner versuchte, die sich widersprechenden Tendenzen auseinander zu halten. In einem
Brief an Robert Schumann nannte er Meyerbeer einen
„absichtlich schlauen Betrüger", fügte aber die Warnung
hinzu: „Daß Sie aber auf diesen nicht schimpfen! Er ist
mein Protektor – und Spaß bei Seite – ein liebenswürdi-
ger Mensch."[42] Als ein Jahr später Schumann über den
„Fliegenden Holländer" „in aller Ruhe hin" sagte, „manches schmeckt oft nach Meyerbeer", reagierte Wagner
mit einer Leidenschaft, die den wunden Punkt, der hier
berührt wurde, offenbart. Seine *„äußeren* Lebensverhält-

nisse" allein hätten ihn mit „dem *Menschen* Meyerbeer in Beziehung gebracht". Von einer Beeinflussung seiner „Productions-Kraft" durch Meyerbeer könne schon deswegen keine Rede sein, weil „außer vielleicht *raffiniertes* Streben nach seichter Popularität" nichts als spezifisch „Meyerbeerisch" angesprochen werden kann. Meyerbeers Produktionen seien seinen Vorgängern Rossini, Bellini usw. entlehnt. Schumann habe eben aus der Kenntnis seiner Lebensverhältnisse, nämlich seiner Abhängigkeit von Meyerbeers Unterstützung, auf die Qualität seines künstlerischen Schaffens geschlossen – eine Schlußfolgerung, die Wagner in seinem Gefühl der schweren Belastung, die ihm aus dem Verhältnis zu Meyerbeer erwuchs, bestärkte.

Der zuletzt zitierte Briefwechsel mit Schumann fand bereits nach Wagners Rückkehr nach Deutschland und seiner Anstellung als Kapellmeister in Dresden statt. Trotz der damit verbundenen relativen wirtschaftlichen Sicherheit war Wagner mit dem Fortschritt seiner künstlerischen Anerkennung außerhalb Dresdens, im besonderen in Berlin, höchst unzufrieden. Zur Förderung seiner Sache schien ihm die Unterstützung Meyerbeers immer noch unentbehrlich, und er scheute sich nicht, ihm trotz der steigenden Verachtung in seinen Bittschriften – wenn auch zurückhaltender – Lob zu spenden. Die Diskrepanz zwischen der inneren Gesinnung und dem äußeren Verhalten wurde immer drückender. Als er im Herbst 1847 nach Berlin fuhr, kostete es ihn sichtbare Selbstüberwindung, Meyerbeer aufzusuchen, und als er zum Schluß seiner Frau berichtete, daß er bei Meyerbeer zu Tisch gebeten war, fügte er hinzu: „Der reist bald ab – desto besser."[44]

So weit war die Entfremdung zwischen den beiden bereits in Wagners Dresdener Jahren gediehen. Als er dann nach seiner Beteiligung an der Revolution 1849 in die

Schweiz flüchtete und von Zürich aus nochmals sein Glück in Paris versuchte, baute er auf die Hilfe von Franz Liszt. In Meyerbeer dagegen erblickte er jetzt einen hinterlistigen Widersacher, der seinen Erfolg durch Intrigen hintertrieb. Eine zufällige Begegnung in der Schlesingerschen Buchhandlung, bei der Meyerbeer in Verlegenheit geraten sein soll, und zwar, wie Wagner im Bericht an seine Frau versicherte, wegen seines „schlechten Gewissens", verlieh dem Bruch zwischen ihnen den Stempel der Endgültigkeit.[45] Die Verdächtigungen gegen Meyerbeer wiederholten sich in Briefen an Freunde: Der Geldsack Meyerbeers beherrsche den musikalischen Markt in Paris, und wer reüssieren will, müsse sein Leibeigener werden.

Besonders aufschlußreich ist die Art, wie Wagner bei seinem neuen Mentor Liszt den ehemaligen Gönner anzuschwärzen versuchte. „Oh bester Liszt, über diesen Mann mußt Du Dir noch vollkommen klar werden. Solltest Du nicht längst wissen, daß Naturen, wie die Meyerbeers, der Deinigen und Meinigen schnurstracks entgegengesetzt sind?". Liszts Handlungen seien von Großmütigkeit bestimmt, Meyerbeers von Klugheit. Beziehungen, die zwischen Liszt und Meyerbeer bestanden, könnten nur auf Mißverständnissen oder auf unbegründeter Nachsicht seitens Liszts beruhen. Die Absicht, Liszt Meyerbeer zu entfremden, ist offenkundig und wird nicht ohne Anspielung auf Meyerbeers Herkunft ausgeführt. Meyerbeer wird nicht einfach aufgrund der individuellen Prägung seines Charakters verurteilt; es ist vielmehr die Rede von „Naturen wie die Meyerbeers", die sich von Naturen wie die der Korrespondierenden unterscheide.[46] Es fehlt nur, daß nach dem Ursprung dieses Unterschiedes gefragt wird – was vorläufig unterbleibt, aber allem Anschein nach im Bewußtsein des Schreibenden bereits angelegt ist. Sehr bald soll dann die

Frage und ihre Antwort in aller Ausführlichkeit im „Judentum in der Musik" angeboten werden.

Auf die Beziehungen zu Mendelssohn und Meyerbeer zurückblickend läßt sich mit Sicherheit feststellen, daß Wagners Urteil über die beiden schon Jahre vor der Veröffentlichung des „Judentums in der Musik" feststand. Ebenso sicher ist es andererseits, daß das negative Bild der beiden unabhängig von ihrer jüdischen Herkunft entstanden war und vorerst nicht mit ihr in Zusammenhang gebracht wurde. Was sich also bei der Abfassung der anti-jüdischen Broschüre ereignete, war, daß das subjektiv empfundene Urteil eine quasi sachliche Begründung erfuhr. Die künstlerische Unzulänglichkeit der beiden war der Zufälligkeit enthoben, da sie sich zwangsläufig aus ihrer jüdischen Abstammung ableiten ließ. Freilich beinhaltet dieser Gedankengang die Einnahme einer anti-jüdischen Haltung, die wohl unter manchen Zeitgenossen vorhanden war, sich jedoch bei Wagner bis dahin nicht bemerkbar gemacht hatte. Die Vermutung liegt also nahe, daß die Veruteilung seiner Rivalen nicht aus seiner anti-jüdischen Gesinnung herzuleiten ist, sondern umgekehrt seine anti-jüdische Gesinnung aus der Rivalität mit den zwei Juden verständlich wird. Wollen wir diese Vermutung auf ihre Gültigkeit hin prüfen, müssen wir die anti-jüdische Gesinnung, wie sie im „Judentum in der Musik" zum Ausdruck kommt, im Hinblick auf ihre Quellen und ihre Zusammensetzung analysieren. Das soll im nächsten Kapitel geschehen.

1 Eine genaue Analyse von „Judentum in der Musik" folgt im nächsten Kapitel.
2 Zu diesen Vorgängen siehe Jacob Toury, *Soziale und Politische Geschichte der Juden in Deutschland 1847–1871*, Düsseldorf 1977.

3 Richard Wagner, *Das Judentum in der Musik*, Leipzig 1869, S. 10.

4 Ebenda.

5 Siehe Wagners Brief an Lewald vom November 1839; Richard Wagner, *Sämtliche Briefe*, Leipzig 1979, Bd I, S. 334, 346 und die spätere Korrespondenz mit ihm nach dem Personenregister S. 650. Die Beziehungen zu Lewald sind im Vorwort zu den Briefen von Gertrud Strobel und Werner Wolf dargestellt; ebenda S. 61, 63, 71, 90.

6 Toury (Anm. 2), S. 192.

7 *Sämtliche Briefe* Bd I, S. 313.

8 Die Beziehungen zu Schlesinger sind im Vorwort zu den *Briefen* Bd I dargestellt; siehe Personenregister S. 664.

9 *Sämtliche Briefe* Bd II, S. 116.

10 Ebenda Bd I, S. 479.

11 Ebenda Bd II, S. 230.

12 So Herman Killer in der Einleitung zum *Judentum in der Musik*, Leipzig 1934. Ebenso Karl Richard Ganger, *Richard Wagner und das Judentum*, Hamburg 1938, S. 9–11.

13 Richard Wagner, *Mein Leben*, München 1969, S. 431.

14 *Sämtliche Briefe* Bd I, S. 576.

15 Ebenda, S. 107.

16 Ebenda Bd I, S. 501, 523; Bd II, S. 75, 89, 101, 151, 211, 224, 227, 231f., 319, 408.

17 Carl Fr. Glasenapp, *Das Leben Richard Wagners in sechs Büchern*, 1905, Bd I, S. 343 f.

18 Siehe die Einleitung zu Bd II der *Briefe*, S. 24; *Briefe* ebenda, S. 327, 424.

19 Ebenda, S. 419 f.

20 Ebenda, S. 438, 456–458.

21 Ebenda, S. 524.

22 Hans Knudsen, „Berthold Auerbach in Dresden", *Neues Archiv für Sächsische Geschichte und Altertumskunde*, Dresden 1919, S. 374.

23 *Mein Leben*, S. 383.

24 Siehe folgendes Kapitel.

25 Einleitung zu den *Briefen* Bd II, S. 59, 76; „Autobiographische Skizze", ebenda S. 107.

26 *Dresdener Abend-Zeitung*, 2. und 4. August 1841.

27 *Sämtliche Briefe* Bd I, S. 226.

28 Ebenda, S. 102.

29 Ebenda, S. 259 f.

30 Cosima Wagner, *Die Tagebücher,* München u. Zürich 1976, Bd I, S. 535, 815.

31 Martin Gregor–Dellin, *Richard Wagner,* S. 117.

32 *Sämtliche Briefe* Bd II, S. 92; siehe auch S. 76.

33 Ebenda, S. 234.

34 Ebenda, S. 268, 277, 297.

35 Ebenda, S. 354 f.

36 Ebenda, S. 425.

37 Ebenda, S. 487.

38 Ebenda, S. 582, 585 f.

39 Die Beziehungen zwischen Wagner und Meyerbeer sind dargestellt von Heinz Becker, „Giacomo Meyerbeer – On the Centenary of his Death", *Leo Baeck Institute Year Book* IX (1964), S. 178–201.

40 *Sämtliche Briefe* Bd I, S. 384, 388.

41 Heinz Becker (Anm. 39), S. 183–194.

42 *Sämtliche Briefe* Bd I, S. 576.

43 Ebenda Bd II, S. 222 f.

44 Ebenda, S. 566, 569, 573.

45 Ebenda Bd III, S. 68.

46 Ebenda, S. 73; siehe auch S. 147, 171, 178, 239.

Viertes Kapitel

„Das Judentum in der Musik"

Die erklärte Absicht Wagners in „Das Judentum in der Musik" war, die zerstörende Wirkung der jüdischen Beteiligung am künstlerischen Schaffen, im besonderen an der musikalischen Kreativität, kurz „die Verjüdung der modernen Kunst" zu zeigen.[1] Das Wort „Verjüdung" ist allem Anschein nach eine Wagnersche Neuschöpfung.[2] Sie deutet durch die an dem Wort Jude haftenden Assoziationen klar genug die Meinung ihres Schöpfers an, daß es sich bei diesem Prozeß um einen verderblichen Vorgang handelt. Die durch das neu geschaffene Wort suggerierte Meinung wird in vielfach variierten Formulierungen wiederholt. Die modernen Zustände hätten „den Juden auch den öffentlichen Kunstgeschmack unserer Zeit zwischen die geschäftigen Finger gebracht". Was sich die großen Künstler vergangener Jahrhunderte unter „Lust und Leben verzehrender Anstrengung abrangen, setzt heute der Jude in Kunstwarenwechsel um".[3]

In diesen Formulierungen, wie auch in der Verwendung anderer Begriffe, stützte sich Wagner auf die bereits von antisemitischen Vorgängern wie Bruno Bauer und Karl Marx in die Welt gesetzte Stereotype. Das im Singular gebrauchte Wort „Jude" als Vertreter für die gesamte Judenheit ist eine von Bauer und Marx benutzte Abstraktion, die die angeblich die Juden charakterisierenden Eigenschaften in eine Art überpersönliche Wesenheit projiziert.[4] Wagner folgte diesem Sprachgebrauch. Der Jude und das Judentum sind bei ihm fast immer gleichbedeutend, und nur selten erfährt das Wort Jude, etwa durch ein hinzugefügtes Adjektiv – „der gebildete Jude"[5] – eine Konkretisierung. Dieses Abstraktionsverfahren kommt Wagners Ansicht entgegen, sinnfällig zu machen, daß die jüdischen Charakterzüge dem einzelnen Juden unabhängig von seinem Wollen und Können dank seiner kollektiv-kulturellen Verhaftung anhängen.

Der kondensierende Begriff „Kunstwarenwechsel" folgt in den Fußstapfen der marxistischen Kritik am Judentum. Marx war es, der sagte: „Der Wechsel ist der wirkliche Gott des Juden. Sein Gott ist nur der illusorische Wechsel." Auch ist bei Marx viel von dem durch den Kapitalismus bedingten Beruf des Juden als Kaufmann, als Schacherer die Rede. „Das Geld ist der eifrige Gott Israels... Das Geld erniedrigt alle Götter des Menschen und verwandelt sie in eine Ware."[6] Wagner will mit dem Begriffskonglomerat „Kunstwarenwechsel" sagen, daß das Verhältnis des Juden zur Kunst identisch sei mit seinem Verhältnis zur Ware und zum Wechsel. Unmittelbar darauf folgt der Satz: „Wer sieht es den manierlichen Kunststückchen an, daß sie mit dem heiligen Nothschweiß der Genies zweier Jahrtausende geleimt sind?"[7] Die von Juden produzierte Kunst verdiene also diesen Namen nicht, es seien bloße „Kunststückchen", die ihre Entstehung dem jüdischen Schmarotzertum an der ihnen fremden nichtjüdischen Tradition verdanken.

Wir werden im Lauf unserer Untersuchung noch anderen Begriffen und Redewendungen begegnen, die an die genannten anti-jüdischen Vorgänger Wagners erinnern. Gleich zu Beginn der Abhandlung beruft sich Wagner auf „die Kritik" als die selbstverständliche Methode, mit deren Hilfe der gegebene historische Gegenstand zu durchdringen sei.[8] Es war aber wohl Bruno Bauer, der dem Begriff der Kritik diese methodische Befähigung zuerkannte.[9] Ob nun Wagner die Schriften seiner Vorgänger, deren Spuren in seinem Gedankengut erkennbar sind, gelesen oder gar studiert hat, ist zwar wahrscheinlich, aber nicht nachzuweisen. Diese Ideen und Begriffe können ihm auch durch das Medium des „Zeitgeistes" – konkret gesprochen die periodischen Publikationen, Zeitungen und Zeitschriften – zugeflogen sein.

Auf jeden Fall reiht sich Wagner in die Reihe der antijüdischen Protagonisten ein, indem er, wie schon seine Vorläufer, den Stand der Judenfrage konstatiert, einige Aspekte für erledigt, andere für noch aktuell erklärt und das im weiteren kritisch zu behandelnde Gebiet abgrenzt. Religion und Politik als Konfliktflächen scheiden aus – Religion, weil deswegen „die Juden längst keine hassenswürdigen Feinde mehr" seien. Andere haben dies mit der allgemeinen Verbreitung der Aufklärung und der Toleranz begründet. Wagner dagegen beruft sich auf den Niedergang der christlichen Religion, deren Vertreter selbst „den Volkshaß auf sich gezogen haben". Der religiös bedingte Haß habe sich also von den Juden abgewandt. Politik im eigentlichen Sinn als Konfliktquelle zwischen Staaten scheide aus, da die Juden auf die Errichtung eines eigenen Gemeinwesens verzichtet hätten. Wagner notierte diesen Verzicht mit einem hämischen Hinweis auf Rothschild, der statt „König der Juden werden zu wollen ... vorzog der Jude der Könige zu bleiben".[10]

Im politisch-gesellschaftlichen Sinn, d. h. in bezug auf die bürgerliche Gleichstellung der Juden, hätte es zum Konflikt kommen können, wenn die Emanzipationsfrage nicht längst zugunsten der Juden entschieden gewesen wäre. Das Streben nach der Emanzipation der Juden sei „ungemein naiv ... da wir vielmehr in die Notwendigkeit versetzt [seien], um Emancipierung von den Juden zu kämpfen. Der Jude ist ... bereits mehr als emancipiert; er herrscht, und wird so lange herrschen, als das

Geld die Macht bleibt, vor welcher all unser Thun und Treiben seine Kraft verliert".[11] Das klingt originell und radikal, und in der Tat stellt der Ausfall gegen die Macht des Geldes einen Rest der vor-revolutionären, extrem-sozialistischen Schwärmerei Wagners dar. In seiner anti-jüdischen Ausrichtung jedoch wandelt Wagner auf den Spuren seiner Vorgänger. Bereits Bruno Bauer erklärte, daß selbst in Wien, wo der Jude „nur toleriert ist, er durch seine Geldmacht das Geschick des ganzen Reiches" bestimme.[12] Marx varrierte dann den Gedanken im Schlußsatz seiner „Judenfrage" und verlieh ihm einen tieferen philosophischen Sinn: „Die gesellschaftliche Emanzipation der Juden ist die Emanzipation der Gesellschaft vom Judentum"[13], wobei Judentum wohl stellvertretend für das System der kapitalistischen Weltordnung steht.

Wagner nimmt diese dialektische Formulierung auf – nicht die Juden bedürfen der Emanzipation, sondern die von ihnen beherrschte Gesellschaft –, meint dabei aber im Gegensatz zu Marx ausschließlich die Juden. Seine Auslassungen über ihre wirtschaftliche Rolle und die Vorherrschaft des Geldes sind angelesene Gedankengänge, die als eine Art Vorspiel zu seinem eigentlichen Thema angeführt werden. Seinen Feststellungen folgt keine Kampfansage. Die Vorherrschaft des Kapitalismus wird resigniert vermerkt, und auch die Emanzipation der Juden bleibt unangefochten. Nur werden die Motive für die politische Unterstützung der Emanzipation, an der er nach eigener Aussage in seiner liberalen Phase selbst teilgenommen hatte, einer Revision unterzogen. „Als wir für Emancipation der Juden stritten, waren wir aber doch eigentlich mehr Kämpfer für ein abstraktes Prinzip, als für den konkreten Fall." Auch der Kampf der Liberalen für die Freiheit des Volkes sei ohne Kenntnis des Volks vor sich gegangen. „So entsprang auch unser Eifer für die Gleichberechtigung der Juden viel mehr aus der

Anregung eines allgemeinen Gedankens, als aus einer realen Sympathie." Dann folgt der Satz, auf den die Argumentation hinsteuert und der die Hauptthese des Traktats unterbauen soll: „Denn bei allem Reden und Schreiben für Judenemancipation fühlten wir uns bei wirklicher, thätiger Berührung mit Juden von diesen stets unwillkürlich abgestoßen."[14] Eine Gefühlsgemeinschaft mit Juden, die ihnen auch Zugang zum künstlerischen und speziell dem musikalischen Bereich ihrer Umgebung geöffnet hätte, habe nie bestanden und infolge des tiefen Abstands zwischen den kulturellen Traditionen nie bestehen können. Wagner beruft sich bei dieser Diagnose auf „die unbewußte Empfindung, die sich im Volke als innerlichste Abneigung gegen jüdisches Wesen kundgibt". Auch spricht er von „instinctmäßiger Abneigung" und von „natürlichem Widerwillen gegen jüdisches Wesen" – Gefühle, die man der Emanzipationsideologie zuliebe verdeckt oder verdrängt hatte, denen man aber nach der Revision der liberalen „Selbstenttäuschung"[15] besser freien Lauf lassen solle.

Aus der Luft gegriffen ist Wagners Behauptung vom Fremdheitsgefühl gegenüber Juden gewiß nicht. Wagner, wie auch andere Zeitgenossen, mag dieses Gefühl in seiner Begegnung mit älteren Juden, besonders den jiddisch sprechenden und den sich auch äußerlich jüdisch gebärenden, empfunden haben, die in Leipzig und Dresden noch anzutreffen waren und in Königsberg und Riga, wo sich Wagner in den 30er Jahren aufhielt, eine alltägliche Erscheinung gewesen sein dürfen. Wagners Beschreibung der „rein sinnliche[n] Kundgebung der jüdischen Sprache" als „zischender, schrillender, summender und murksender Lautausdruck" und seine Charakterisierung des traditionell-jüdischen Gottesdienstes als „Gegurgel, Gejodel und Geplapper"[16] sind zwar bewußt karikierende Übertreibungen, denen aber gewisse eigene Erfahrungen, das Hören des Jiddischen und die Beobachtung der synagogalen Vorgänge, zugrunde liegen. Doch wenn er „das unwillkürlich Abstoßende" und eine „instinctmäßige Abneigung" auch gegenüber Juden gleichen Standes und gleicher Bildung empfunden zu haben vorgibt[17], so ist diese Behauptung durch seinen zwanglosen Verkehr mit ihnen widerlegt.

Wagner bleibt aber nicht bei der Wiedergabe seiner Beobachtungen und Empfindungen, sondern errichtet vielmehr einen ideologischen Überbau. So entsteht die Theorie, daß der Jude (d. h. alle Juden), „die modernen europäischen Sprachen, nur als erlernte nicht als angeborene Sprachen" spricht, ein Umstand, der „ihn vor aller Fähigkeit, in ihnen sich seinem Wesen entsprechend, eigenthümlich und selbständig kundzugeben", ausschließt. Zur Begründung dieser These beruft Wagner sich auf die Tatsache, „daß eine Sprache, ihr Ausdruck und ihre Ausbildung ... nicht das Werk Einzelner, sondern einer geschichtlichen Gemeinsamkeit" sei, und nur „wer unbewußt in dieser Gemeinschaft aufgewachsen ist, nimmt auch an ihren Schöpfungen theil".[18] Juden waren aus der Gemeinschaft der europäischen Völker ausgeschlossen, deren Sprachen also nicht zum Medium des geistigen und künstlerischen Schaffens der Juden werden können.

Bei dieser Theorie ließ sich Wagner offenbar von der bekannten These Fichtes leiten, die der Philosoph in seinen „Reden an die deutsche Nation" zur Begründung der angeblichen kulturellen Überlegenheit der Deutschen entwickelt hatte. Die deutsche Nationalsprache sei in ungebrochener Reinheit von Generation zu Generation fortgepflanzt worden und habe daher ihre befruchtende Zeugungskraft behalten. Die Franzosen hätten durch die Übernahme des fremden lateinischen Sprachgutes ihre kulturelle Ursprünglichkeit eingebüßt. So sei es, nach Wagner, allen europäischen Juden ergangen durch die

Aneignung der ihnen wesensfremden Ausdrucksmittel.[19] So wie die Theorie Fichtes in bezug auf eine nationale Kultur unbeweisbar ist, muß ihre Übertragung auf den einzelnen Juden, der angeblich die Sprache, in der er aufgewachsen ist, nie zu der eigenen machen kann, als aus der Luft gegriffen betrachtet werden.

Die angebliche Fremdheit der Juden in der von ihnen gesprochenen Sprache ist jedoch nur eine Art Vorstufe zu der These, auf die Wagner hinsteuert, daß nämlich die gesamte europäische Kultur und besonders ihre musikalische Schöpfung eine dem Juden unzugängliche Welt bleibe, zu deren Fortentwicklung er daher keinen eigentlichen Beitrag zu liefern imstande sei. Die kulturelle Schöpfung, selbst in ihrer raffiniertesten Form, entspringe „ihrem natürlichen Boden, dem wirklichen Volksgeiste". Um aus diesem Geist schöpfen zu können, müsse der Künstler in lebendiger Verbindung mit seinen Trägern aus dem einfachen Volk stehen. „Wo findet der gebildete Jude nun dieses Volk?" Er gehöre nicht zu ihm, und der Versuch, sich ihm anzunähern, scheitere wegen des Unverständnisses des Juden und des Widerwillens des Volkes. Zugang fände der Jude nur zu den „reicheren Classen", die mit ihm gemeinsame Interessen teilten, selbst aber der volkstümlichen Kultur entfremdet seien und so unmöglich dem Juden als Quelle der Inspiration dienen könnten.[20]

Der Jude könne eine seinem Wesen entsprechende Anregung nur von der eigenen Tradition, der synagogalen Musik, empfangen. Doch von der eigenen Volkstradition habe sich der assimilierte, getaufte oder ungetaufte gebildete Jude distanziert.[21] Trotzdem seien Spuren dieser Tradition, die die Ohren eines Europäers beleidigen, in den musikalischen Schöpfungen der jüdischen Komponisten nachweisbar, „uns fremdartig, kalt, sonderlich, gleichgültig, unnatürlich und verdreht ... so daß jüdische Musikwerke auf uns oft den Eindruck hervorbringen, als ob z. B. ein Goethesches Gedicht im jüdischen Jargon vorgetragen würde".[22]

In der Tat wurden in den Jahren der ersten Reaktion gegen die kulturelle Annäherung der Juden in Berlin vom berühmten Schauspieler Wurm Goethesche Gedichte in jüdisch-deutscher Mundart zur Belustigung der Zuhörer und auf Kosten der Juden deklamiert.[23] Wagner mag davon gehört oder gelesen haben. Auf jeden Fall suggerierte er durch diesen Vergleich das Mitklingen jüdischer Mißtöne in den Kompositionen seiner jüdischen Konkurrenten Mendelssohn und Meyerbeer.

In der Beschreibung der sozialen Stellung der jüdischen Künstler wie auch in der Frage der Aneignung von Sprache ging Wagner von den Tatsachen aus. Es ist richtig, daß Juden nur zum Mittelstand, dem Bildungsbürgertum, und nicht zu den volkstümlichen Schichten (ebensowenig wie zu aristokratischen Kreisen) Zugang fanden. Auch stimmt es, daß die jüdischen Künstler die Verbindung mit ihrer eigenen Volkstradition mieden und so auf eine mögliche Quelle künstlerischer Inspiration verzichteten. Doch die Behauptung, daß der Anschluß der Juden an die europäische Kulturtradition aufgrund unüberbrückbarer Wesensverschiedenheit von vornherein zum Scheitern verurteilt sei, ist genauso eine willkürliche Konstruktion wie die Unterstellung, daß auch der gebildetste Jude eine europäische Sprache nur als Fremdsprache zu sprechen imstande sei. Diese Theorie Wagners soll dazu dienen, die vermeintlichen oder echten Schwächen der künstlerischen Produktion Mendelssohns und Meyerbeers – die Objekte seiner Kritik – auf einen sachlichen Grund, ihre jüdische Abstammung, zurückzuführen. Der Hinweis auf diese Schwächen ist nicht neu. Wagners Urteil über sie in „Das Judentum in der Musik" entspricht genau den gelegentlichen Äußerungen, die wir in der Korrespondenz der vorangegangenen Jahre vorgefunden haben. Neu ist nur die angebliche Verankerung der künstlerischen Schwächen im Jude-Sein der beiden.

Nach Wagners Auffassung hatte Mendelssohn die Grenzen seiner künstlerischen Begabung erkannt, und zwar, daß er in der Schaffung neuer musikalischer Formen nicht über Beethoven hinauskäme.[24] Diese Feststellung machte er bereits in einer seiner ersten noch lobenden Bemerkungen über Mendelssohn und nahm die Konsequenz, die sich daraus ergab, auch für sich als verpflichtend an.[25] Der ersten Version nach hatte sich Mendelssohn einer richtigen Selbsterkenntnis folgend auf die Kreierung von „kleinen Orchester-Compositionen" beschränkt. Im „Judentum in der Musik" wird das Zurückgreifen Mendelssohns auf vor-Beethovensche, hauptsächlich Bachsche Stilarten als die Folge seiner Beschränktheit dargestellt. Wagner akzeptierte, wie gesagt, in seiner Jugend die Mendelssohn zugeschriebene Position, daß den nach-Beethovenschen Musikern nur Seitenpfade auf dem Gebiet der musikalischen Schöpfung offenstehen. Nach seiner künstlerischen Reife, als er den Gedanken gefaßt hat, die Welt mit einer beispiellosen Kunstgattung, dem Gesamtkunstwerk, zu beschenken, erscheint ihm das, was Mendelssohn in seiner Genügsamkeit zu produzieren imstande war, von untergeordnetem Rang.

Diese Einstufung der Mendelssohnschen Musik ist im Grunde der einzige kritische Einwand, der hier gegenüber dem jüdischen Komponisten gemacht wird. Die Bedeutung Mendelssohns innerhalb der von ihm gesteckten Grenzen wird im „Judentum in der Musik" – wie übrigens auch in späteren Äußerungen Wagners – nicht geleugnet. Die Analyse der Mendelssohnschen Leistung in der Broschüre pendelt zwischen dem positiven Eindruck, den seine Musik bei Wagner seit der Jugend hinterließ, und der reflektierenden Kritik, die keine völlige künstlerische Befriedigung beim Zuhören zugestehen mag. Man werde von ihr berührt, wenn damit die „unterhaltungssüchtige Phantasie", nicht aber die „tiefen und markigen menschlichen Herzensempfindungen" befriedigt werden sollen. „Unsere launenhafte Einbildungskraft" werde durch Mendelssohn gefesselt, „unser reinmenschliches inneres Sehnen nach deutlichem künstlerischen Schauen aber kaum berührt". Letztlich kann Wagner dem ehemals so verehrten Meister aber nicht die Fähigkeit absprechen, gelegentlich den „Ausdruck weicher und schwermütiger Resignation" gefunden zu haben – ein Lob, das dann sogleich durch die Feststellung abgeschwächt wird, daß dieser tragische Zug aus dem „drückenden Gefühl von dieser Unfähigkeit", über seine eigenen Grenzen hinauszukommen, stamme.[26]

Die Prüfung der Stichhaltigkeit von Wagners Analysen muß den Musikforschern überlassen bleiben. Wenn man annimmt, daß die Begrenztheit der Mendelssohnschen Schöpfung eine nachweisbare Tatsache ist, wie läßt sie sich dann aus seiner jüdischen Abstammung ableiten? Eingangs erklärt Wagner, das Beispiel Mendelssohns sei ein Beweis, daß ein Jude die hervorragenden Voraussetzungen, „Talentfülle ... feinste und mannigfaltigste Bildung ... zartempfindendes Ehrgefühl" für künstlerisches Schaffen besitzen könne, ohne es zu „Herz und Seele ergreifender Wirkung" in seiner Kunst zu bringen.[27] In der darauf folgenden Analyse des Werkes fehlt es an jedem Versuch, die angeblichen Schwächen der Mendelssohnschen Kunst auf sein Jude-Sein zurückzuführen. Das abschließende Urteil Wagners über Mendelssohn beschränkt sich auf die Behauptung, daß das „Tragische seiner Situation", d. h. seine vom Judentum bedingte Unzulänglichkeit, ihm „mehr anhing, als es ihm zum wirklichen, schmerzlichen und läuternden Bewußtsein kam".[28] Mendelssohn wußte also nicht, was ihm geschah, und nur Wagner entdeckte, daß das Judentum ihm zum tragischen Schicksal wurde, indem es ihm den Weg zur künstlerischen Vollendung verbaute. Die Gezwungenheit dieser Schlußfolgerung liegt auf der Hand. Sie verdankt wohl ihre Entstehung der Absicht, die darauf folgende Kritik an Meyerbeer, bei der der jüdische Hintergrund eine entscheidende Rolle spielt, nicht als einen Einzelfall erscheinen zu lassen.

War Mendelssohn immerhin zugute gehalten worden, daß er sich seiner Zerrissenheit zwischen Wollen und Können nicht ganz bewußt war, so heißt es von dem anderen Komponisten, „daß er Kunstwerke schaffen möchte, und zugleich weiß, daß er sie nicht schaffen kann". Wer dieser Komponist ist, wird nicht gesagt, aber kein Zeitgenosse konnte die Hinweise mißverstehen. „Um sich aus diesem peinlichen Conflikte zwischen Wollen und Können zu ziehen, schreibt er für Paris Opern, und läßt diese dann leicht in der übrigen Welt aufführen". Mendelssohn lebte nicht mehr, und schließlich wurde ihm manches Gute nachgesagt. Die Kritik an dem ungenannten Zeitgenossen dagegen war vernichtend. Wie wir bereits aus Wagners Korrespondenz wissen, stritt Wagner Meyerbeer jede Fähigkeit zur originellen künstlerischen Produktion ab. Er könne lediglich die Langeweile des Publikums vertreiben. Die Mittel dazu seien die pikante und wahllose Anhäufung von dem Publikum bereits bekannten musikalischen Motiven, gesteigert durch „die Benutzung der Wirkung von eingewobenen Gefühlskatastrophen". In seiner Bemühung, das Publikum zu täuschen, hätte der Komponist sich selbst über den künstlerischen Wert seiner Produktionen getäuscht. So offenbare sich hier eine Charakterschwäche, die im Gegensatz zur tragischen Situation Mendelssohns der Spannung zwischen Wollen und Können einen tragisch-komischen Zug verleihe.[29]

Diesen Zug, wie überhaupt alle negativen Erscheinungen bei Meyerbeer, schreibt Wagner dem jüdischen Hintergrund zu. Bereits in der Beschreibung der eklektizistischen Zusammensetzung der Opern Meyerbeers gebraucht Wagner das an das Yiddische erinnernde Wort „Jargon". In einer Fußnote spricht er von einem „jüdischen Opernkomponisten", der sich von der „Zerstreutheit und Gleichgültigkeit" des Theaterpublikums nicht stören lasse – Wagner denkt dabei an die Unruhe und Störungen, die er bei Aufführungen in Paris beobachten konnte –, weil er ja an ähnliche Erscheinungen in jeder „jüdischen Gemeinde während ihres musikalisch aufgeführten Gottesdienstes in der Synagoge" gewohnt sei. Wagner stellt den tragi-komischen Zug im Meyerbeerschen Phänomen fest und geht dann über zur vergleichenden Charakterisierung alles Jüdischen, „wie überhaupt das Kaltlassende ... das Bezeichnende des Judenthums für diejenige Kundgebung desselben ist, in welcher der berühmte Componist sich uns in bezug auf die Musik zeigt".[30]

Mendelssohn und Meyerbeer werden uns, mit unterschiedlicher Betonung und Begründung, als Repräsentanten der jüdischen Existenz und des jüdischen Wesens vorgeführt. Erstaunlicherweise präsentiert sie Wagner gleichzeitig als Symptome und Symbole der Verhältnisse der Zeit. Die begrenzte Leistungsfähigkeit Mendelssohns, „des specifisch ungemein begabten Musikers", demonstriere „die Unfähigkeit unserer musikalischen Kunstepoche" überhaupt, während der Erfolg des im Grunde unfruchtbaren Meyerbeers für „das unkünstlerische Wesen und Verlangen" der Öffentlichkeit zeuge.[31] Wenn Wagner aber behauptet, daß die von den beiden Juden vertretenen Eigenschaften typisch für das ganze

Zeitalter sind, so können sie nicht aus ihrem jüdischen Ursprung ableitbar sein.

Wagner ist dieser offenbare Widerspruch in seiner Argumentation nicht entgangen. Er begegnet ihm mit einer Antwort, die seiner ideologischen Erfindungsgabe, kaum aber seinem inneren Wahrheitsdrang Ehre macht. Weder die Stagnation des künstlerischen Schaffens, wie es sich bei Mendelssohn zeigt, noch der Untergang des musikalischen Geschmacks, der den Aufstieg Meyerbeers ermöglichte, seien das Werk der Juden, sondern von der allgemeinen Erschlaffung in der „musikalischen Kunstepoche" nach Mozart und Beethoven bestimmt.

Die Verknüpfung der Unzulänglichkeiten in der Kunst mit dem Eintritt der Juden in ihre Welt habe aber trotzdem ihre Berechtigung. Ihr Eintritt sei erst möglich geworden, als diese Welt ihr „organisches Lebensbedürfnis" eingebüßt habe. „Bis auf die Zeiten Mozarts und Beethovens fand sich nirgends ein jüdischer Componist: unmöglich konnte ein diesem Lebensorganismus gänzlich fremdes Element an den Bildungen dieses Lebens theilnehmen".[32] Daß es für das Nicht-Vorhandensein jüdischer Musiker bis zu dieser Zeit eine einfache Erklärung gibt, nämlich, daß Juden bis dahin in ghettomäßiger Abgeschlossenheit lebten, störte Wagner ebensowenig wie die oben erwähnten offenbaren Widersprüche seiner Theorie. Der Glaube an die Fremdartigkeit des jüdischen Wesens als Deutungsprinzip für die von ihm bekämpften Erscheinungen im Musikleben war ihm zum Bedürfnis geworden.

Wie tief er das Bedürfnis, sich vom Jüdischen zu distanzieren, empfand, ist an dem Bild zu erkennen, das er von einem mit dem Musikleben verglichenen Organismus entwirft. Nach seinem Ableben verleihe der Organismus „fremden Elementen die Kraft, sich seiner zu bemächtigen, aber nur um ihn zu zersetzen; dann löst sich wohl das Fleisch dieses Körpers in wimmelnde Viellebigkeit von Würmern auf: wer möchte aber bei ihrem Anblick den Körper selbst noch für lebendig halten?"[33] Die Zersetzung des bereits abgestorbenen Organismus der deutschen Musik wird also dem Judentum zugeschrieben – eine Rollenverteilung, die von der Vorstellung der verderblichen Potenzen, die dem Judentum innewohnen, diktiert wird.

Über die Quelle dieser Vorstellung kann historisch gesehen kein Zweifel bestehen. Sie ist ein Residuum der jahrhundertealten Verteuflung der Juden und des Judentums in ihrem Konflikt mit dem Christentum. Spuren dieser Verteuflung sind auch bei Personen nachweisbar, die, wie Wagner, die religiöse Spannung zwischen Juden und ihrer Umwelt für überwunden erklärten. Sie konnten die ihnen eingefleischten Ideen über Juden nicht auf deren religiösen Ursprung beziehen und mußten darum neue, säkulare Begründungen dafür heranziehen.[34] Auch bei Wagner dürfte es sich um solche Rechtfertigungsversuche handeln, wenn sie auch nicht systematisch entwickelt oder begrifflich geklärt werden.

Der Begriff der Rasse, der später auch bei Wagner eine bequeme Anwendung fand, um als Unterscheidungsmerkmal bei der Charakterisierung der Juden zu dienen, fehlt im „Judentum in der Musik". Der Gedanke wird einmal flüchtig hingeworfen, daß die angeblich auch bei den gebildeten Juden wahrnehmbare „jüdische Sprechweise" „rein physiologisch zu erklären" sei. Ein andermal ist zum Verständnis derselben Erscheinung von der „sonderlichen Hartnäckigkeit des jüdischen Naturells" die Rede[35] – ein Ausdruck, der ebenfalls auf eine in der Vererbung zu suchende Eigenschaft hindeutet. Doch wird mit diesen Ausdrücken keineswegs die Idee einer biologischen Verankerung verbunden. Die sprachliche Sondererscheinung des Juden wird vielmehr auf sein hi-

storisches Schicksal, daß er außerhalb der sprachbilden-
den „Gemeinsamkeit, einsam ... in einem zersplitterten
bodenlosen Volksstamme" lebte, zurückgeführt.[36] Der
Begriff „Stamm" ist es, der zur Bezeichnung der jüdischen Besonderheit immer wieder herangezogen wird.[37]
Die Isolierung des Juden, auch des gebildeten, habe mit
seinem formellen Eintritt in die moderne Gesellschaft
nicht aufgehört. Denn dem Juden sei der Zugang zu den
volkstümlichen Schichten, den Trägern des „Volksgeistes", nach wie vor verschlossen.

Suchen wir in den Ausführungen Wagners nach einem
Grundbegriff, an dem sich seine Theorie über die Unver-
träglichkeit der jüdischen Kunstschöpfung mit der deutschen orientiert, so ist es der Begriff des Volksgeistes.
Auch die Juden hätten ihren „Volksquell", der sie, weil
verschieden von und minderwertig gegenüber dem deutschen und dem europäischen, als fremde Sondererscheinung bestehen lasse.[38] Die Fremdheit der Juden mit dem
Unterton der Minderwertigkeit wird wiederholt betont
und aufgegriffen, um damit das angeblich „unwillkürlich
Abstoßende" an den Juden und die „instinktmäßige Abneigung" der Deutschen ihnen gegenüber zu erklären.[39]
Auf jeden Fall handelt es sich bei dieser Erklärungsweise
um eine kulturhistorische, vielleicht soziologische, jedoch keineswegs um eine biologisch orientierte Interpretation.

Ob nun biologisch erklärt oder nicht, die Beständigkeit des jüdischen Charakters wird auf jeden Fall vorausgesetzt, und so erhebt sich die Frage, ob es Mittel für den
Juden gibt, sein verdammungswürdiges „Naturel" ir-
gendwie abzustreifen. Die Antwort erhalten wir in den
letzten Absätzen des Traktats, die sich wie ein überra-
schender Schlußakkord anhören. Wagner greift hier auf
seinen eigenen Ausspruch zurück, wonach die Juden der
modernen Zeit zwar Denker – gemeint waren sicher Spi-

noza und Moses Mendelssohn – aber keine Dichter hervorgebracht hätten.[40] Denken lasse sich in der Isolation des Individuums, Dichten dagegen erfordere die wurzelhafte Verbundenheit mit einer Gemeinschaft. Beim Rückblick auf seine Ausführungen scheint Wagner aufgegangen zu sein, daß seine Behauptung durch die ihm vertraute Gestalt Heinrich Heines in Frage gestellt wird. Die Lösung des nun aufgetauchten Widerspruchs zwingt Wagner zu Aussagen voller Zweideutigkeit. „Zur Zeit da Goethe und Schiller bei uns dichteten, wissen wir allerdings von keinem dichtenden Juden."[41] Der Gedankengang läuft parallel zu dem über das Fehlen von jüdischen Komponisten zur Zeit Beethovens, und so wird die nachklassische Zeit der Dichtung in Analogie als bar jeder Originalität charakterisiert, „wo das Dichten bei uns zur Lüge wurde, unseren gänzlich unpoetischen Lebenselementen alles Mögliche, nur kein wahrer Dichter mehr entspringen wollte". Ob die Literarhistoriker, im besonderen die Romantikforscher, diesem vernichtenden Urteil irgendeine Berechtigung zuerkennen können, mag dahingestellt bleiben. Entsprechend der musikalischen Parallele müßten wir jetzt einem verlogenen Reimschmied à la Meyerbeer begegnen. Statt dessen treffen wir den „sehr begabten dichterischen Juden", der „diese bodenlose Nüchternheit und jesuitische Heuchelei unserer immer noch poetisch sich gebaren wollenden Dichterei mit hinreißendem Spotte" entlarvt. Heine habe auch seine „berühmten musikalischen Stammesgenossen ... für ihr Vorgeben Künstler sein zu wollen" gegeißelt – was Wagner ihm als Verdienst anrechnen mußte. Doch konnte Wagner entsprechend seinem Schema unmöglich bei einem bloßen Lob Heines bleiben, und darum sprach er vom „unerbitterlichen Dämon des Verneinens", der Heine „restlos vorwärtsgejagt durch alle Illusionen moderner Selbstbelügung hindurch bis auf den Punkt wo er nun selbst wieder sich zum Dichter log". Der am Anfang als „ungemein begabter dichterischer Jude" bezeichnete Heine wird zum Schluß in die Meyerbeersche Kategorie der Selbstbelügung versetzt. Als Beweis für diese Geistesverwandschaft wird dann angeführt, daß er „dafür auch seine gedichteten Lügen von unserem Componisten in Musik gesetzt erhielt",[42] was sehr überzeugend wirken könnte, wenn man nicht wüßte, daß Wagner als einer der ersten die „Zwei Grenadiere" vertont hatte.[43] Der ganze Passus über Heine strotzt von Ambivalenzen, da Wagners These von der künstlerischen Unfruchtbarkeit des Judentums sich schlecht mit seiner hohen Meinung von Heines dichterischem Talent vertrug. So kam es auch zu dem fast unverständlichen Schlußsatz: „Er war das Gewissen des Judenthums, wie das Judenthum das üble Gewissen unserer modernen Civilisation ist."[44] Weder der erste noch der zweite Teil dieser Antithese ist aus dem Vorangegangenen ableitbar oder verständlich, und sie muß wohl als eine bemüht geistreiche Verlegenheitsfloskel angesehen werden.

Ohne rechten Übergang und anscheinend nur, weil Heine und Börne bereits im Bewußtsein der Zeit zu einem Begriffspaar geworden waren, beginnt Wagner den nächsten Abschnitt, den letzten des Traktats, mit dem Satz: „Noch einen Juden haben wir zu nennen, der unter uns als Schriftsteller auftrat." Börne sei „Erlösung suchend" aus seiner „Sonderstellung als Jude" hervorgetreten und entschlossen, „mit unserer Erlösung zu wahrhaften Menschen" seine eigene zu finden. Wie das wahrhafte Menschwerden der anderen zustandekommen soll, wird nicht gesagt. Für den Juden ist jedoch das Rezept bereit. „Gemeinschaftlich mit uns Mensch zu werden, heißt für den Juden aber zu allernächst so viel als aufhören Jude zu sein". Das habe Börne zuwege gebracht, er hörte auf, Jude zu sein, gleichzeitig aber lehre sein Bei-

spiel, daß „diese Erlösung nicht in Behagen und gleichgültig kalter Bequemlichkeit erreicht werden kann, sondern daß sie wie uns Schweiß, Noth, Ängste und Fülle
des Leidens und Schmerzen kostet".[45] Wagner dachte
dabei wohl an den Kampf, den Börne ohne Rücksicht
auf seine eigenen Belange für eine freie und bessere Gesellschaft in einem demokratischen Staat führte. Wagner
hatte sich seinerzeit mit diesem gesellschaftspolitischen
Ideal identifiziert und behielt in seiner Erinnerung in
idealisierter Reinheit das Bild des Vorkämpfers Börnes,
dem er persönlich nie begegnet war. So konnte die Gestalt Börnes als positives Gegenstück zu den anderen Juden hingestellt werden. Das Positive an ihm war die angeblich absolute Absage an das Judentum und der Anschluß an die im Werden begriffene Menschheit. Diesen
Weg hielt Wagner auch für andere Juden offen, und so
schließt seine Tirade mit der Aufforderung an die gesamte Judenheit, an dem noch andauernden Kampf für die
zu erlösende Menschheit teilzunehmen. Gleichzeitig
werden aber die Juden gewarnt, daß ihre Teilnahme von
der völligen Aufgabe des Judentums abhängig sei. „Aber
bedenkt, daß nur Eines eure Erlösung von dem auf euch
lastenden Fluche sein kann; die Erlösung Ahasvers – der
Untergang."

Eindeutig wird hier auf den christlichen Begriff der
Erlösung, auf die Vorstellung von einem auf dem Juden
lastenden Fluch und die das Judentum symbolisierende
Gestalt des Ewigen Juden zurückgegriffen. So werden
wir unabsichtlich auf die Quelle hingewiesen, aus der die
Belastung der jüdischen Existenz zu entspringen scheint.
In Wagners Gedankenwelt erscheinen die christlichen
Begriffe in einer säkularisierten Form, die sich eindeutig
kundgibt in der Art, wie er sich die Erlösung des Juden
vorstellt. Es geht hier nicht um die individuelle Taufe
oder die kollektive Bekehrung zum Christentum, wie es

die Ahasver-Sage für das Ende der Tage vorsieht. Die Taufe hat hier ihre sakramentale Bedeutung und somit auch ihre Fähigkeit, das Wesen des Juden von Grund auf zu verwandeln, verloren. Die Tatsache, daß die drei mit Namen genannten Juden, Mendelssohn, Heine und Börne, getauft waren, unterscheidet sie in Wagners Vorstellung nicht von dem ungetauften Meyerbeer. Die Befreiung des Juden vom Judentum sei möglich, nicht aber durch den einmaligen Akt der Taufe, sondern nur infolge eines selbstvernichtenden und äußerlich kaum kontrollierbaren Prozesses. Daher bleibt zwar die Selbstbefreiung des Juden theoretisch offen, die Entscheidung aber, ob sie im Einzelfall stattgefunden hat, liegt im Auge des Beschauers, wie wir noch am Verhältnis Wagners zu seinen jüdischen Verehrern und Bekannten beobachten werden.

Im übrigen entsprach die Auffassung von der geschmälerten Rolle der Taufe, wie sie sich in Wagners Theorie widerspiegelt, den konkreten sozialen Verhältnissen der Zeit. Die Taufe war im Vergleich zu früher nicht mehr imstande, den Juden aus dem Gesellschaftsgefüge seiner Gemeinde herauszulösen und ihn in die Körperschaft der Christen zu verpflanzen. Juden und Christen standen sich weiterhin wie zwei voneinander getrennte gesellschaftliche Einheiten gegenüber, nur die Übergangszone war verwischt. Es gab eine Art neutrale Region, in der Mitglieder beider Gruppen verkehrten und in der sich getaufte Juden ansiedeln konnten. Angesichts solcher Verworrenheit der sozialen Wirklichkeit ist es nicht verwunderlich, wenn Theorien wie die Wagnersche von begrifflichen Verwirrungen zeugen.

1 Zitiert nach der wiederveröffentlichten Fassung, Leipzig 1869.
2 Christoph Cobet, *Der Wortschatz des Antisemitismus der Kai-*

serzeit, München 1973, S. 147. Der Verfasser scheint nicht beachtet zu haben, daß der Text aus dem Jahre 1850 stammt.

3 *Judentum*, S. 12.

4 So in den oben in Kap. II (Anm. 16 u. 17) angeführten Schriften von Bauer und Marx.

5 *Judentum*, S. 18.

6 Karl Marx, *Frühschriften*, S. 204 (s. oben Kap. II, Anm. 17).

7 *Judentum*, S. 12.

8 „Die Kritik verfährt wider ihre Natur, wenn sie in Angriff oder Vertheidigung etwas Anderes will", nämlich die „Abneigung gegen jüdisches Wesen ... zu erklären"; ebenda S. 7.

9 Siehe die Einleitung zu Bauers *Judenfrage* (Kap. II, Anm. 16), S. 1–3.

10 *Judentum*, S. 10. Die Juden im allgemeinen und die Rothschilds im besonderen wurden in den französischen anti-jüdischen Pamphleten der vierziger Jahre „rois de l'époque" genannt. Darauf spielt Wagner hier an. Siehe Jacob Katz, *From Prejudice to Destruction, Anti-Semitism, 1700–1933*, Cambridge, Mass., 1982, S. 123–128.

11 *Judentum*, S. 11.

12 Bauer, *Judenfrage*, S. 114.

13 Marx, *Frühschriften*, S. 207.

14 *Judentum*, S. 10.

15 Ebenda, S. 9–11.

16 Ebenda, S. 15, 22.

17 Ebenda, S. 10.

18 Ebenda, S. 14 f.

19 Fichtes Einfluß auf den Aufsatz „Erkenne dich selbst" hat Winfried Schüler (*Der Bayreuther Kreis*, Münster 1971, S. 18 f) nachgewiesen. Die Feststellung gilt auch für das *Judentum in der Musik*.

20 *Judentum*, S. 20 f.

21 Ebenda, S. 18.

22 Ebenda, S. 23.

23 Jacob Katz, *Out of the Ghetto, The Social Background of Jewish Emancipation, 1770–1870*, S. 86.

24 Siehe Kap. III.

25 Wagners „Autobiographische Skizze" von 1842 ist abgedruckt in *Sämtliche Briefe* Bd I, Leipzig 1979, S. 101 f.

26 *Judentum*, S. 25–27.

27 Ebenda, S. 25.

28 Ebenda, S. 28.

29 Ebenda, S. 29.
30 Ebenda.
31 Ebenda, S. 30.
32 Ebenda, S. 31.
33 Ebenda.
34 Zum Nachweis dieser These siehe Jacob Katz, *From Prejudice to Destruction*.
35 *Judentum*, S. 20, 15.
36 Ebenda, S. 15.
37 Ebenda, S. 18–22.
38 Ebenda, S. 22.
39 Ebenda, S. 10.
40 Ebenda, S. 19.
41 Ebenda, S. 31.
42 Ebenda, S. 32.
43 Siehe *Sämtliche Briefe* Bd II, S. 225.
44 *Judentum*, S. 32.
45 Ebenda.

FÜNFTES KAPITEL

Tendenzen und Folgen des Pamphlets

Was hat Wagner bewogen, seine Ansichten über Meyerbeer und seine Theorie über die Schädlichkeit der jüdischen Teilnahme am deutschen Geistesleben an die Öffentlichkeit zu bringen?

Zu Beginn seines Artikels, der am 3. und 6. September 1850 in der „Neuen Zeitschrift für Musik" (Nr. 19 und 20) in Leipzig erschien, nahm Wagner Bezug auf den Ausdruck „hebräischer Kunstgeschmack", der in der Zeitschrift zur Sprache gekommen war und dann zur „Anfechtung und einer Vertheidigung" Anlaß gegeben hatte.[1] Der Urheber des Ausdrucks war Wagners Freund Theodor Uhlig, der ihn in einer ablehnenden Kritik der neuesten Oper Meyerbeers, „Der Prophet", benutzt hatte, die zu dieser Zeit auf den deutschen Bühnen gespielt wurde. Uhligs Kritik mündete in einen unmißverständlichen Hinweis auf den Gegensatz zwischen christlicher und jüdischer Kunstrichtung und folgerte, „daß dergleichen Gesangsweisen einem guten Christen im besten Falle gesucht, übertrieben, unnatürlich raffiniert erscheinen, und es auch nicht wahrscheinlich ist, daß eine mit solchen Mitteln betriebene Propaganda des hebräischen Kunstgeschmacks Erfolg haben sollte".[2] Protest gegen die Betonung dieses christlich-jüdischen Gegensatzes wurde in der ersten Nummer der soeben in Köln lancierten „Rheinischen Musik-Zeitung für Kunstfreunde und Künstler" geäußert und die Kritik Uhligs als „ungerechtfertigten Ausfall auf das Volk Israel" bezeichnet.[3] Uhlig vermutete als Autor dieser Entgegnung einen Juden[4], wahrscheinlich stammte der Artikel aber aus der Feder des Herausgebers der Zeitschrift, Professor L. Bischoff[5].

Auf jeden Fall sah sich Uhlig veranlaßt, seine anti-jüdischen Argumente näher zu definieren. Seine Bemerkung hätte sich nur auf die jüdischen Musiker bezogen, denn „in der Musik vieler jüdischer Componisten giebt es Stellen, die fast alle nicht-jüdischen Musiker ... mit Bezugnahme auf die allbekannte gemeine jüdische Sprechweise als Judenmusik, als ein Gemauschele oder als ein Dergl. bezeichnen". Die Spuren des Mauschelns seien nicht bei allen jüdischen Komponisten im gleichen Maße nachweisbar, sie treten „hier nur wenig, dort ganz auffallend hervor, so z. B. bei Mendelssohn sehr gelind, bei Meyerbeer dagegen in höchster Schärfe, namentlich in seinen Hugenotten, nicht minder auch in seinem Propheten."[6] Hier hat Uhlig also die zentrale These Wagners vom Einfluß der jüdischen Sprechweise auf die Musik der jüdischen Künstler und sogar die diesbezügliche Rangordnung von Mendelssohn und Meyerbeer vorweggenommen.

Uhlig war nicht der einzige, der die kritisierten Züge der Opern Meyerbeers mit seinem Judentum in Zusammenhang brachte. Ein gewisser Dr. Eduard Krüger erklärte ebenfalls in der „Neuen Zeitschrift für Musik" die Opern Meyerbeers für „kaltes Deklamationsgeflatter, ohne Kraft und Saft, ohne Melodie, ohne Schönheit". Der den Opern gespendete Beifall gelte ihrer äußerlichen Aufmachung, den „Ballets, Decorationsperspektiven, Bombardons und Harfengelispel". Am eigentlichen Gesang der Oper sei das Publikum nicht interessiert, da werde – der Verfasser will es in Berlin, Hannover, Hamburg und Kassel beobachtet haben – „geschwätzt, gezwinkert und gegähnt". Kein Wunder, denn der Gesang entspringe nicht dem Boden des deutschen Volksliedes, noch werden die Melodien der Oper „im Volksmunde wiederholt".[7] Daß diese Schwächen der jüdischen Herkunft Meyerbeers zuzuschreiben sind, wird durch die betonte Verwendung des Namens Jacob Meyerbeer, oder nur Beer, „im Buchhandel genannt Giacomo", augenfällig gemacht.[8] Auch diese Beobachtungen Krügers hat Wagner aufgenommen.

Mit der Erwähnung dieser Diskussion zu Beginn seines Artikels in der „Neuen Zeitschrift für Musik" konnte sich Wagner also in eine bereits fortgeschrittene antijüdische Polemik einschalten. Jahre später erklärte er in „Mein Leben" seinen Eingriff in die Debatte mit der Absicht, die Sache nicht bei den „nichtssagenden Aufreizungen" seiner Vorgänger bewenden zu lassen. Es reizte ihn, „das Thema der Einmischung der modernen Juden in die Musik und ihren Einfluß auf dieselbe näher zu betrachten, und die charakteristischen Merkmale des Phänomens zu bezeichnen".[9]

So begründet Wagners eigene Auskunft über den Anstoß zur Entstehung seines „Judentums in der Musik" ist, so verschweigt sie das tiefer liegende Motiv, diese Gelegenheit auch wahrzunehmen. Den eigentlichen Grund erfahren wir in seiner Mitteilung an Franz Liszt einige Zeit nach dem Erscheinen des Artikels. Wie erwähnt, ließ Wagner ihn unter einem Pseudonym drukken, aber in interessierten Kreisen sprach es sich schnell herum, wer hinter dem Namen K. Freigedank steckte. Liszt fragte also Wagner, ob es stimme, daß er der Verfasser sei. Wagner reagierte gereizt: „Gewiß weißt Du, daß der Artikel von mir ist, was fragst Du noch erst."[10] Dann folgt eine ausführliche Auseinandersetzung seiner Gründe, die wie eine Entlastung schwer ertragbarer Bedrückung wirkt. Er hege „einen lang verhaltenen Groll gegen diese Judenwirtschaft, und dieser Groll ist meiner Natur so notwendig wie Galle dem Blute". Anlaß zum Ausbruch des Grolles habe „ihr verfluchtes Geschreibe" gegeben, das ihn ärgere. Nach dieser allgemeinen Auslassung, die noch durch die Bemerkung gewürzt wird, daß der Angriff auf die Juden doch nichts nütze, weil „jetzt nicht unsere Fürsten, sondern die Bankiers und die Philister die Herren sind", gelangt Wagner zum persönlichen Aspekt der Angelegenheit, zu seinem Verhältnis zu Meyerbeer. Hier erhalten seine Äußerungen den Charakter einer Beichte. Er hasse ihn nicht, aber er sei ihm „grenzenlos zuwider". Er erinnere ihn an die Zeit seiner „lasterhaften Periode", als er seinen Weg als Musiker durch Protektion von Gönnern vom Schlage Meyerbeers machen wollte. Daß ihm letzten Endes Meyerbeer nicht geholfen habe, sei auch von Vorteil, er sei ihm dadurch nicht so tief verpflichtet wie manche andere. Ehrlich sei das Verhältnis zwischen ihnen niemals gewesen, beide hätten aus egoistischen Gründen gehandelt, solange es ihnen vorteilhaft erschien. Die Beziehung zu Meyerbeer habe ihm aber das Unglück beschert, daß viele, unter anderem auch Freunde, nun der Meinung seien, daß er mit Meyerbeer künstlerisch etwas gemein habe. Das habe ihn zur Verzweiflung gebracht und ihn veranlaßt, sich öffentlich von seinem ehemaligen Patron zu distanzieren. Warum war dann der Artikel nicht unter seinem eigenen Namen erschienen? „Nicht aus Furcht, sondern um zu vermeiden, daß von den Juden die Frage in das nackte Persönliche verschleppt würde, erschien ich pseudonym."[11]

Wir haben allen Grund, dieses Geständnis an einen intimen Freund nach kritischer Prüfung durchaus ernstzunehmen. Demnach verdankt „Das Judentum in der Musik" seine Entstehung dem Bedürfnis, mit der Beziehung zu Meyerbeer fertigzuwerden. Auf keine der anderen im Artikel erwähnten jüdischen Gestalten – Mendelssohn, Heine und Börne – wird hier Bezug genommen. Offenbar spielten diese in der Anregung zum Artikel keine Rolle. Sie sind, wie auch die inhaltliche Analyse des Pamphlets ergab, nur herangezogen worden, um der anti-jüdisch fundierten Distanzierung von Meyerbeer eine breitere Grundlage zu geben.

Die Beziehung zu Meyerbeer ist die Quelle des Unbehagens, das Wagner zum Handeln treibt, und dessen langsame Steigerung wir in Wagners Korrespondenz verfolgen konnten. Wir sahen, wie seine Anbiederung bei Meyerbeer, die nicht einmal Früchte trug, ihm zur Last wurde. Daß durch die vorgetäuschte Verehrung des Meisters Unaufrichtigkeiten unvermeidlich wurden, fiel vielleicht weniger ins Gewicht. Wagner war alles andere als zimperlich in seinen Annäherungsversuchen bei Menschen, von denen er eine Förderung seiner Karriere erwartete. Bei Meyerbeer handelte es sich jedoch um eine künstlerisch umstrittene Persönlichkeit, so daß eine Verbindung mit ihm leicht als Bejahung seiner Kunst gedeutet werden konnte. Mit Meyerbeer gleichgesetzt zu werden, oder auch nur in den Verdacht zu kommen, unter dem musikalischen Einfluß Meyerbeers gestanden zu haben, war Wagners große Angst. Wir sahen bereits, wie leidenschaftlich er sich gegen einen solchen Verdacht gegenüber Schumann verwahrte.[12] Schumann war aber nicht der einzige, der bei aller Anerkennung der Originalität von Wagners Schöpfung in ihr Meyerbeersche Elemente entdeckt zu haben glaubte. Ein anonymer Bewunderer, der anläßlich einer Kritik an Meyerbeers „Prophet" auch auf Wagners „Rienzi" und „Tannhäuser" zu sprechen kam – und für sie eine arteigene künstlerische Beurteilung forderte – sah einen Aspekt von Wagners Leistung in der „Verknüpfung Webers und Meyerbeers".[13] Diese Ansicht hinsichtlich der mehr oder weniger wesentlichen Anlehnung Wagners an Meyerbeer wird übrigens von modernen Musikhistorikern geteilt.[14] Ob Wagner sich dieser Schuldenlast bewußt war und sie verdrängen wollte, oder im Gefühl seiner Originalität die Beeinflussung durch seine unmittelbaren Vorgänger von vornherein von sich wies, mag dahingestellt bleiben. Auf jeden Fall ist sein „Judentum in der Musik" ein eindeutiger und lauter Protest gegen eine solche Unterstellung. Daß die Veröffentlichung seines Artikels mit dieser Absicht verbunden war, kommt in seinem Brief an Liszt klar zum Ausdruck. Es habe ihn zur „wahren Verzweiflung getrieben, wenn ich auf die irrtümliche Ansicht selbst vieler meiner Freunde stoße, als habe ich mit Meyerbeer irgend etwas gemein".[15] Wagner muß diesem seiner Ansicht nach fatalen Mißverständnis seines Künstlertums auch bei anderen begegnet sein. Es nun bei einem öffentlichen Verfechter seiner Kunst, dem oben erwähnten Kritiker, vorgefunden zu haben, genügte wohl, um ihm energisch entgegenzutreten.

Der einfachste Weg der Distanzierung wäre selbstverständlich gewesen, mit einer direkten Kritik der Werke Meyerbeers an die Öffentlichkeit zu treten. Vor einer so offenen Absage an seinen ehemaligen Mentor scheute Wagner jedoch zurück. Vor sich selbst und seinem Vertrauten Liszt entschuldigte Wagner den Gesinnungswandel, der den Vorwurf der Untreue hervorrief, damit, daß seine Beziehung zu Meyerbeer schon immer im Zeichen gegenseitiger Unehrlichkeit gestanden hätte[16] – ein Geständnis, das auch für Wagner selbst ein moralisch vernichtendes Urteil beinhaltet. Ein solches Geständnis konnte man sich im vertrauten Briefwechsel abringen, aber keinesfalls in einer öffentlichen Abrechnung.

Um den Eindruck der Treulosigkeit zu vermeiden, wählte Wagner zwei andere Mittel – er ließ den Artikel anonym erscheinen und gab seiner Distanzierung von Meyerbeer eine sachliche Begründung – die Ablehnung des jüdischen Einflusses auf die deutsche Kunst. Die Anonymität der Veröffentlichung begründete Wagner mit der angeblichen Befürchtung, die Sache könnte als ein persönlicher Angriff gedeutet werden. An dieser Begrün-

dung hielt er auch später in „Mein Leben" fest. Er habe
es vermeiden wollen, „daß die von mir sehr ernstlich ge-
meinte Angelegenheit sofort in das rein Persönliche verschleppt und dadurch ihre wahre Bedeutung verdeckt
würde".[17] So erscheint sein Angriff auf das Judentum als
das eigentliche Ziel seines Artikels und der ungenannte
Meyerbeer nur als ein Beispiel. In Wirklichkeit war es
umgekehrt. Die verwickelte und belastende Beziehung
zu Meyerbeer und der Wunsch, sich von ihr zu befreien,
veranlaßte Wagner, sich auf ein Gebiet – die Kritik des
Judentums – zu begeben, das, soweit damals bekannt
war, ihm völlig fern zu liegen schien.

Seiner Aussage in dem Beichtbrief an Liszt zufolge
hegte Wagner „einen lang verhaltenden Groll gegen diese
Judenwirtschaft"[18], und wir dürfen ihm glauben, daß er
seine Einwände gegen Juden und Judentum nicht erst anläßlich seiner Auseinandersetzung mit Meyerbeer zu
sammeln begonnen hatte. Daß er mit der Problematik
des modernen Judentums und besonders mit den anti-
jüdischen Schriften der vergangenen Jahrzehnte vertraut
war, ergibt sich, wie wir sahen, aus der Analyse seiner
Schrift. Als eine Quelle seiner Informationen über die
moderne Judenproblematik bezeichnete er in „Mein Leben" den Umgang mit Berthold Auerbach in Dresden, in
dem er „den ersten Juden antraf, mit welchem ich eben
über dieses Judentum in herzlicher Unbefangenheit sprechen konnte".[19] Von Auerbach mag er kritische Ansichten über moderne jüdische Zustände gehört haben, aber
gewiß nicht mit dem Unterton der Gehässigkeit und des
Sarkasmus, die Auerbach fern lagen[20], während sie in
Wagners Wiedergabe vorherrschen. Auf die Dresdener
Zeit bezieht sich wohl Wagners Angabe, daß er zu denen
zählte, die „für Emanzipation der Juden stritten".[21]
Auch wenn er nicht aktiv dafür eintrat – dies ist durch
keinerlei Zeugnis belegt –, so wird er den Kampf wenig-

stens mit Sympathie verfolgt haben. Wann also begann der „Groll gegen diese Judenwirtschaft"?

Aus einem Briefentwurf Minna Wagners aus dem Jahre 1850, in dem sie die Geschichte ihrer von Spannungen nicht verschonten Ehe rekapituliert, um den in Paris weilenden Richard zur Rückkehr nach Zürich zu bewegen, entnimmt man den Grund, weshalb Wagner aufgehört hatte, sie an seinem Schaffen teilnehmen zu lassen. „Nun wiederum seit zwei Jahren, als Du mir jenen Aufsatz vorlesen wolltest, worin Du ganze Geschlechter schmähtest, die Dir doch im Grunde Liebes gethan, seit jener Zeit grolltest Du mir und straftest mich damit so hart, daß Du mir nie etwas allein von Deinen Arbeiten mehr zu hören gabst."[22] Wenn hier auf Wagners anti-jüdisches Pamphlet Bezug genommen wird – von der Existenz einer anderen „Schmähschrift" ist uns nichts bekannt – so muß, wie ein Wagnerbiograph vermutet hat, eine frühere Version des Aufsatzes bereits am Ende der Dresdener Zeit verfaßt worden sein.[23] Die endgültige Fassung hat auf jeden Fall die für die Zeit ihrer Veröffentlichung typischen Merkmale und steht im Zusammenhang mit den anderen in Zürich entstandenen Schriften, in denen Wagner die Verkommenheit der gegenwärtigen künstlerischen Produktion feststellte und sie im „Judentum in der Musik" mit den Juden in Verbindung brachte. Selbst diese Fassung hat Änderungen erfahren. An den jungen Karl Ritter – um diese Zeit ein Vertrauter Wagners –, der den Auftrag hatte, das Manuskript bei der „Neuen Zeitschrift für Musik" unterzubringen, schrieb Wagner: „Hier hast Du das Manuscript ... Ich habe es – wie Du sehen wirst – bei der Abschrift noch mannigfach colorirt."[24]

Wagner wird sich einige Zeit mit der Idee des Pamphlets getragen haben. Die vielen anti-jüdischen Assoziationen, die auf frühere Quellen zurückgehen, werden ihm nicht erst während der Niederschrift zugeflogen sein. Sie waren ihm von früherer Lektüre vertraut und gewiß gegenwärtig, auch wenn er sie bisher nicht verwendet hatte. Wagner richtete sich nach dem in liberalen Kreisen herrschenden guten Ton, das „Thema Jude" bei der Erwähnung von Personen jüdischer Herkunft zu vermeiden. Er selbst bestätigte dies in seinem Bericht über eine Episode in Paris, in der Maurice Schlesinger von Bekannten gefragt wurde, ob er Jude sei. „Mich setzte diese unbefangene Unterhaltung über einen Punkt, welchen wir in ähnlichen Fällen unter Deutschen als für den Betreffenden beleidigend ängstlich ausweichen, in ein angenehmes Erstaunen."[25] An dieser Zurückhaltung hielt er fest, bis er das Tabu brach, um den jüdischen Einfluß auf die Kunst der Gegenwart zu verdammen und damit seine Sonderstellung zu demonstrieren.

Über den Anlaß zu diesem Entschluß im Herbst 1850 gibt Wagner keine befriedigende Auskunft. Der Ärger über das verbreitete Fehlurteil, daß er Meyerbeer musikalische Anregungen verdanke, war nicht neu. Seine Äußerungen darüber in einem Brief an Robert Schumann im Jahre 1843 sind fast gleichlautend mit dem, was er acht Jahre später an Liszt schrieb.[26] Wagners Angaben gegenüber Liszt, daß „ihr verfluchtes Geschreibe [der Juden]" ihn ärgerte, „und so platze ich einmal los"[27], mögen durch Uhligs Vermutung veranlaßt worden sein, daß der Protest gegen den Begriff des „hebräischen Kunstgeschmacks" auf einen Juden zurückgeht. Selbst dann kann die literarische Fehde nur als Anreiz gewirkt haben, längst Gehegtes zur Kristallisierung zu bringen. Daß er diesmal dem Reiz nachgab, muß dem Bewußtsein entsprungen sein, an der Schwelle einer Wende in seinem Leben und Schaffen zu stehen, sowie dem Wunsch, einen deutlichen Schlußstrich unter die Vergangenheit zu setzen.

Diesen inneren Drang mag aber auch ein äußerer Umstand verstärkt haben. Nach seiner Rückkehr aus Paris (und dem Abenteuer mit Jessie Laussot in Bordeaux) wurde Wagner von Familie Ritter eine laufende Unterstützung zugesagt.[28] Er konnte sich also wirtschaftlich sicher fühlen, ohne sich um die Konsequenzen seiner halb öffentlichen Kampfansage an einflußreiche Kreise kümmern zu müssen. Zwar erklärte Wagner gegenüber Liszt: „Aus inneren Gründen trat die Notwendigkeit bei mir ein, jede Rücksicht der gewöhnlichen Klugheit in bezug auf ihn (Meyerbeer) fahren zu lassen."[29] Solange Wagner von Meyerbeer Hilfe erhoffte, hat er wohl die Regeln der taktischen Klugheit auf Kosten der Aufrichtigkeit streng befolgt. Jetzt, da er von dieser Seite keine Unterstützung mehr zu erwarten hatte und sich von anderer Seite gesichert sah, durfte er sie in den Wind schlagen.

Wie zu erwarten war, erregte der nach allen Maßstäben scharfe Angriff – und besonders die ungewohnte Bezugnahme auf das Motiv des Jüdischen – des unter dem Namen Freigedank publizierten Artikels zumindest in den interessierten Kreisen eine entsprechende Aufmerksamkeit. „Es scheint schrecklich eingeschlagen zu haben", vermerkte Wagner mit Genugtuung, „denn solch einen Schreck wollte ich ihnen eigentlich nur machen".[30] Der Eindruck wird von Franz Brendel, dem Redakteur der Zeitschrift, bestätigt. Der Aufsatz habe „einen wahren Sturm hervorgerufen", freundliche und feindliche Besprechungen seien „in einer Menge anderer Blätter erschienen".[31] Brendel erhielt zahlreiche Zuschriften, von denen er aber nur eine zustimmende, von Eduard Krüger, und eine ablehnende, von Eduard Bernsdorf, veröffentlichte.[32] Er selbst lieferte ein halbes Jahr später, als die „aufgeregten Leidenschaften" sich gelegt hatten, einen „vermittelnden", aber Wagners Ansicht verharmlosenden Abschluß.

Brendel hatte allen Grund zur Verharmlosung. Da der Verfasser durch die Anonymität vor persönlichen Attakken geschützt war, richtete sich die Entrüstung über die Schärfe und die Taktlosigkeit des anti-jüdischen Angriffs gegen den verantwortlichen Redakteur. Brendel drohte zudem eine weitere Unannehmlichkeit. Er war gleichzeitig Professor am Leipziger Konservatorium, wo fünf seiner Kollegen Juden oder Freunde von Juden waren, die, empört über die Veröffentlichung, seine Entlassung verlangten – ohne Erfolg.[33]

Eduard Krüger, dessen anti-jüdische Floskeln mit zu den Stimuli gehört hatten, die Wagner zur Abfassung seines Aufsatzes bewegten, begrüßte das Pamphlet als eine geistesverwandte Kundgebung.[34] Er wiederholte in vergröberter Form manche Anklagen Wagners und nannte Meyerbeer als den jüdischen Musiker, gegen den die Schrift Wagners gerichtet war. Nur an der Kritik an Mendelssohn hatte Krüger etwas auszusetzen. Wagner sei in seiner Verneinung jeglicher jüdischer Kulturproduktion zu weit gegangen. „Das jüdische Volk ist, wie der Gesamtstamm der Semiten, wozu er gehört, niemals kunstbegabt gewesen ... Damit ist aber nicht gesagt, daß ihnen, zumal bei hochgesteigerter Kultur in langlebiger Berührung mit tiefer begabten Völkern, nicht dieser oder jener glückliche Griff gelingen sollte.“[35] Zu dieser Kategorie der adoptierten Gelegenheitstalente gehöre auch Mendelssohn.

Auch wenn Krüger ein leidenschaftsloser Richter in bezug auf Mendelssohn war, so erscheint bei ihm die Subsumierung der Juden unter die angeblich kulturell unfruchtbaren Semiten offener und ausgesprochener als bei Wagner. Auf jeden Fall konnte Wagner mit Krügers Unterstützung seiner Hauptthese zufrieden sein. Dagegen ließ ihn die Entgegnung Bernsdorfs in Wut geraten, der er in einem kurzen, von Grobheit strotzenden Brief an den Verfasser freien Lauf ließ. Er beschuldigte Bernsdorf, seine Grundthesen verdreht zu haben. Er hatte den Verfall der Kunst nicht dem jüdischen Einfluß zugeschrieben, sondern nur behauptet, „daß die Juden sich erst in unsere Kunst mischen konnten, als sie organisch lebensunfähig geworden war".[36] Dieses Mißverständnis ist Bernsdorf in der Tat unterlaufen, vielen späteren Lesern und Kritikern Wagners auch, was aber in Hinsicht auf die Verunglimpfung des jüdischen Charakters keinen Unterschied machte. Das Hauptanliegen Bernsdorfs war, gegen diese Verunglimpfung der Juden zu protestieren, die nicht nur den Juden jegliches Kunstverständnis absprach, sondern auch entwürdigende Bemerkungen über jüdisches Geschäftsgebaren enthielt.[37] Bernsdorf wies darauf hin, daß die willkürliche Verbindung zwischen den angeblichen oder wahren Schwächen der jüdischen Musiker und ihrer jüdischen Herkunft, besonders im Fall Mendelssohns, ohne Beweis als selbstverständlich hingestellt wurde. Der Grund für Wagners Mißgriffe sei, daß er, wie es sich am Beispiel der jüdischen Sprechweise zeige, sein Judenbild von „den polnischen Trödeljuden" bestimmen lasse. Doch solche äußerlichen Merkmale seien überwindbar, und die schaffenden Künstler, die das Judentum der Neuzeit hervorgebracht habe, zeugten von „Bildungstrieb und Bildungsfähigkeit" der Juden. Der Jude höre auf „Fremdling zu sein in der Kunst, die über alles ihre Strahlen ausgießt, die ganze Menschheit verklärt".[38]

Die Forderung der Menschenwürde für den Juden – der oberste Grundsatz der emanzipatorischen Bestrebungen – ist der entscheidende Punkt in den Argumenten dieses Wagner-Gegners. Da aber Wagner mit diesen Bestrebungen nichts mehr im Sinn hatte, konnte seine Reaktion nur affektbetont ausfallen. „Somit habe ich nichts zu erwidern als die Worte des Pontius Pilatus:

‚*Was ich geschrieben habe, habe ich geschrieben*‘ ", unterschrieben K. Freigedank.[39]

Zwar wußten die Beteiligten, wer hinter diesem Namen steckte, das Pseudonym wurde jedoch nicht gelüf-
tet. Brendel schrieb in Verteidigung des Verfassers, daß
sein Urteil über Juden an Härte verlieren würde, „wenn
man mit den Ansichten Freigedanks in größerem Um-
fang bekannt wäre. Was hier speziell den Juden aufgebürdet erscheint, ist lediglich nur ein Ausfluß seiner Ge-
samtanschauung von dem Wesen der modernen Kunst".[40]
Somit wurde der Leser auf Wagners Schriften hingewiesen, ohne daß sein Name erwähnt worden war.

Im übrigen war aber die Apologie Brendels kaum geeignet, Wagners anti-jüdische Anschauung in milderem
Licht erscheinen zu lassen. Einerseits behauptete Brendel, daß die verächtliche Charakterisierung im „Judentum in der Musik" nur dem „gemeinen Juden" gelte.
Den ausgezeichneten Männern, die das unschöne jüdische Wesen, das als allgemeine Stammeseigentümlichkeit
zu betrachten sei, „abgestreift" hätten, sei „der Weg zum
Höheren" keineswegs versperrt. Dann aber wiederum
heißt es, „daß die gebildeten Juden in ein wahrhaft inner-
liches Verhältnis in unserem Geistesleben, zu unserer Sitte nicht getreten sind". Diejenigen, die solches versuchen, „täuschen sich in dem Beginnen, Unvereinbares
vereinen zu wollen". Ist also der Anschluß der Juden an
ihre Umgebung unmöglich? Nicht ganz. „Die Juden sind
willkommen, wenn sie wahrhaft, aufrichtig, innerlich
uns angehören wollen. Sie hören dann auf, Juden zu sein.
Unsere Bildung aber ausbeuten, ohne diese innerlich er-
rungen zu haben … ist das Verderbliche."[41] Dieses Hin
und Her zwischen der Ablehnung alles Jüdischen und
dem Wunsch, dem ausgewählten Juden doch das Tor of-
fenzuhalten, kommt in der Wiedergabe noch krasser
zum Ausdruck als in Wagners Original.

Da der Name Wagners im Laufe der Diskussion über das „Judentum in der Musik" nicht gefallen war, wußten nur eingeweihte Fachkreise, daß er der Verfasser war. Im öffentlichen Bewußtsein wurde Wagner mit dem giftspeienden, anti-jüdischen Pamphlet erst nach der Wiederveröffentlichung 1869 unter seinem vollen Namen identifiziert. Eine unmittelbare Wirkung hatte die Erstveröffentlichung auf den Verfasser selbst. Seine halböffentliche Abrechnung mit Meyerbeer befreite ihn nicht vom Meyerbeer-Komplex, sondern vertiefte diesen noch mehr. Unannehmlichkeiten, die ihm zustießen, schrieb er den Intrigen Meyerbeers zu. Als eine unfreundliche Besprechung über Wagners Werke in Paris erschien, bemerkte er in einem Brief an Theodor Uhlig: „Meyerbeer rührt sich endlich, er hat Furcht vor meiner Propaganda nach Paris – der Esel."[42] Offenbar erwartete Wagner eine Reaktion Meyerbeers auf seinen Angriff und glaubte, sie hier gefunden zu haben. Beim Preußischen Hof stieß die Aufführung des „Tannhäuser" auf Widerstand; so etwas „kommt nicht von ungefähr; dies ist das Werk Meyerbeers".[43] Wagner war jetzt auf die Vorstellung von einer regelrechten Bewegung fixiert, die „durch einen großen Kenner in solchen Dingen, Herrn Meyerbeer, in ein planmäßiges System gebracht wurde, welches er von jetzt bis an sein seeliges Ende mit sicherer Hand in Ausübung erhielt".[44]

Fast selbstverständlich wurde nun beim nochmaligen Versuch, in Paris durch die Aufführung des „Tannhäuser" einen Erfolg zu erreichen, jeder Rückschlag wie auch das endgültige Fiasko auf die hinterlistigen Machenschaften Meyerbeers zurückgeführt.[45] Die Konspiration ist universal-jüdisch und international. Als Wagner im Frühjahr 1855 in London nicht den erhofften Erfolg erzielte, schrieb er an seinen Vertrauten Ernst Benedikt Kietz in Paris: „In der Presse werde ich meist heruntergerissen, à cause de Mendelssohn und den übrigen Juden, die mir das ewige Leben wünschen".[46] Meyerbeer befand sich um diese Zeit ebenfalls in London, und der Zufall wollte es, daß die beiden sich – zum letztenmal in ihrem Leben – begegneten. Angesicht ihres gespannten Verhältnisses nimmt es nicht wunder, daß sie – wie Wagner berichtete – kein Wort über die Lippen brachten.[47]

Wie elementar, ja fast metaphysisch, Wagner seine Gegnerschaft zu Meyerbeer erlebte, ist aus seiner Reaktion auf die Nachricht vom Tod Meyerbeers zu ersehen. Diese erreichte ihn am 3. Mai 1864, als er mit seinen Freunden gerade die überraschende Botschaft König Ludwigs II. feierte, die ihm wie eine gottgesandte Rettung aus höchster Not und als Wendepunkt in seinem Schicksal erscheinen mußte. „Über Tisch ward telegraphisch der soeben in Paris erfolgte Tod Meyerbeers gemeldet: Weinheimer [einer der Freunde] fuhr mit bäuerlichem Lachen auf über diesen wunderbaren Zufall, daß der mir so schädlich gewordene Opernmeister gerade diesen Tag nicht mehr hatte erleben sollen."[48] Zwar stammt nach Wagners Bericht die symbolhafte Verbindung der Ereignisse aus dem Munde eines Freundes, doch kommt sie offensichtlich auch aus dem Herzen des Berichterstatters. Der Triumph über den nun aus dem Weg geräumten Widersacher bricht hier – mit alttestamentarischer Heftigkeit, ist man geneigt zu sagen – durch; auch bei dem Tod Mendelssohns haben wir Wagner bei ähnlichen, wohl mehr verhüllten Gefühlen ertappt.[49]

Zwar entbrannte Wagners anti-jüdischer Eifer an seinem Konflikt mit Meyerbeer, doch einmal entzündet, richtete er sich gegen das jüdische Phänomen überhaupt. Nicht nur ging seine Ablehnung der musikalischen Leistung jüdischer Komponisten auf alle Gebiete des kulturellen Schaffens über, auch die Bemäkelung des jüdischen

Charakters in der Art des gemeinen „Judenschimpfens"
wurde ihm zur Gewohnheit. Noch während der Drucklegung des Artikels schrieb er an Theodor Uhlig, der in
Dresden wohnte (in der Stadt, aus der Wagner verbannt
war) und den Kontakt mit dem Redakteur Brendel auf-
rechterhielt: „Wird er mir das Judentum honorieren?
Verzeihe mir diese jüdische Frage, allein eben die Juden
sind daran schuld, daß ich an jeden Heller Verdienst
rechnen muß."[50] Solche Redensarten fehlen in den Äußerungen der früheren Jahrzehnte, während sie von nun ab
zur Tagesordnung gehören. Die Wende spiegelt sich
ebenso in seiner Rückschau auf vergangene Ereignisse
und Begegnungen wider, wie das Beispiel Berthold Auerbachs deutlich macht. Die Begegnung zwischen den
beiden war von gegenseitiger Begeisterung bestimmt. In
„Mein Leben", diktiert in der Mitte der sechziger Jahre,
muß Wagner zugeben, daß er sowohl von der literarischen Produktion Auerbachs, von den berühmten
„Schwarzwälder Dorfgeschichten", als auch von ihrem
Verfasser „lebhaft angesprochen" war. „Der kurze,
stämmige jüdische Bauernbursche, als den er sich selbst
mit großer Vorliebe zu erkennen gab, machte einen
durchaus zutraulichen Eindruck." Noch aufschlußrei-
cher ist Wagners Angabe über die Rolle, die das Judentum in seinen Gesprächen mit Auerbach spielte. „Was
mich besonders anzog, war, daß ich in ihm den ersten
Juden antraf, mit welchem ich eben über dieses Judentum in herzlicher Unbefangenheit sprechen konnte. Es
schien ihm sogar daran gelegen, gegen diese Eigenschaft
alles Vorurteil auf gemütliche Weise zu brechen." Auerbach erzählte von Kränkungen, die er als Judenknabe in
der Schule zu erleiden hatte, Erfahrungen, die „ihn nur
wehmütig und nachdenklich gestimmt, nicht aber verbit-
tert ... [hätten]. Dies waren nun Züge, die mich sehr
herzlich für ihn einnahmen." Bedenklich erschien Wag-

ner in Auerbachs Benehmen nur dessen übermäßige Beschäftigung mit jüdischen Angelegenheiten: „Die ganze Welt und ihre Geschichte enthalte für ihn bloß das Problem der Verklärung des Judentums", eine Charakterisierung, die auch durch andere Quellen gestützt wird."[51] Diese Wiedergabe der zuerst positiven Eindrücke von Auerbach wurde durchsetzt von revidierten Urteilen der späteren Zeit. Von Gottfried Keller ließ sich Wagner belehren, daß die äußere Aufmachung Auerbachs keineswegs als eine naive Selbstdarstellung des „jüdischen Bauernburschen" zu werten sei. Sie sei vielmehr ein berechnetes Mittel, mit dem „man seine literarischen Elaborate am besten ans Publikum bringe und zu Geld mache".[52] Auch aus anderen Quellen seien ihm Gerüchte über die zweifelhaften Charakterzüge Auerbachs zu Ohren gekommen, „daß er im Laufe der Zeit wiederholt jüdische Heiraten geschlossen [und] ... dabei zu Vermögen gekommen sei"[53] – ein Gerücht, von dessen Unwahrheit er sich hätte leicht überzeugen können.[54] Mit der Verwurzlung der anti-jüdischen Vorurteile in Wagners Bewußtsein verschob sich auch das Bild, das er ursprünglich von Auerbach gewonnen hatte. „Als ich ihn nach längeren Jahren in Zürich einmal wiedersah, traf ich leider auch sein physiognomisches Aussehen in bedenklicher Weise verändert an: er sah wirklich außerordentlich gemein und schmutzig aus. Die frühere frische Lebhaftigkeit war zur gewöhnlichen jüdischen Unruhe geworden, alles was er sprach, kam so heraus, daß man sah, es verdrieße ihn, das Gesagte nicht lieber für die Zeitung verwendet zu haben"[55] – eine Beobachtung, die eher im Auge des Beschauers gelegen zu haben scheint.

Hätte sich Wagner von allen Juden seines Bekanntenkreises konsequent distanziert, könnten wir seinem Bekenntnis mehr Gewicht beimessen, daß sein kürzlich erwachter Groll gegen die „Judenwirtschaft" seiner Natur so notwendig gewesen sei „wie Galle dem Blute".[56] In Wirklichkeit war seine Ablehnung der Juden sowohl selektiv als auch schwankend und sehr oft von leicht durchschaubaren Motiven diktiert. Ein auffallendes Beispiel ist sein Verhältnis zu Ferdinand Hiller. Wie wir sahen, verkehrte Wagner in Dresden mit ihm freundschaftlich. Daß der aus einer Frankfurter Bankiersfamilie stammende Musiker und seine polnische Frau getaufte Juden waren, hinderte sie nicht daran, ihr Haus zum Zentrum des gesellschaftlichen und weitgehend auch künstlerischen Lebens in Dresden zu machen; ebensowenig hinderte dies Wagner, daran teilzunehmen. Erst in seinen Erinnerungen, also nach seiner anti-jüdischen Wende, findet Wagner die Herkunft der Hillers überhaupt erwähnenswert. Hier gibt Wagner auch zu, daß er sehr bald von der Dürftigkeit der Hillerschen Originalität überzeugt war, und ihm klar wurde, daß der künstlerische Ehrgeiz Hillers nur durch seine gesellschaftliche Stellung gelegentliche Befriedigung fand.[57] Es lag also nach Wagners Meinung ein dem Fall Meyerbeer ähnliches Phänomen vor. Als sich der leidenschaftliche Protest gegen Meyerbeer im „Judentum in der Musik" entlud, hätte man eine ähnliche Reaktion auch gegen Hiller erwarten können. Doch das Verhältnis zu Hiller blieb von der erwachten anti-jüdischen Aversion, die Wagner wie „Galle dem Blut" zum Bedürfnis wurde, völlig unberührt. Die Wege der beiden trennten sich bereits im Jahre 1847, als Hiller als Kapellmeister nach Düsseldorf berufen wurde. Wagner ließ 1848 einen Brief Hillers unbeantwortet. Im August 1850 – also gerade zur Zeit der Drucklegung des Aufsatzes – nahm Wagner die Nachricht von der Geburt einer Tochter Hillers zum Anlaß, die freundschaftliche Beziehung wiederaufzunehmen. „Über meine Gesinnungen im allgemeinen sind Sie wahrscheinlich während der letzten Vergangenheit unterrichtet worden. Daß Sie sie vollständig teilen, glaube ich nicht. Es fällt mir aber nicht ein, Sie deswegen weniger lieb zu haben als ich Sie hatte."[58] War das eine plötzliche Anwandlung von Sentimentalität? Wohl kaum. Wagners Brief ist nach Köln adressiert, wo sich Hiller vor kurzem als Direktor des neugegründeten Musikkonservatoriums niedergelassen hatte. Wagner, der in seinem Brief in witziger Weise Hillers Übernahme der Leitung des neuen Instituts erwähnt, wird dabei die Tatsache nicht übersehen haben, daß unter der Ägide des Instituts die „Rheinische Zeitung für Kunstfreunde und Künste" herausgegeben wurde und Hiller dadurch einen bedeutenden Einfluß auf die öffentliche Meinung der an Kunst interessierten Kreise gewonnen hatte. Wagners Hoffnung, durch das neue Organ unterstützt zu werden, wurde bald enttäuscht. Die Kölner Schule schlug sich entschieden auf die Seite der Wagner-Gegner in der um diese Zeit entstehenden Auseinandersetzung um seine künstlerische Richtung.[59] Folgerichtig zählte Wagner jetzt auch Hiller zu den Mitgliedern der jüdischen Konspiration, die sich seiner Überzeugung nach für das „Judentum in der Musik" rächen wollten.[60] Diese Vorstellung, die fast wie ein Verfolgungswahn wirkt, ist auf der Ebene des persönlichen Erlebnisses das greifbare Ergebnis des anti-jüdischen Pamphlets.

Auf jeden Fall wird seit dieser Zeit das Jude-Sein seiner Bekannten kaum mehr übersehen. Ob Wagner daraus irgendwelche Konsequenzen zog oder nur darauf hinwies, hing davon ab, wie sich der Betreffende zu Wagner und zur Wagnerschen Musik verhielt. Von der Vermeidung des gesellschaftlichen oder beruflichen Verkehrs mit Juden kann allerdings keine Rede sein. Bei einem Besuch in Rußland im Jahre 1863 quittierte Wagner mit Dank die Liebenswürdigkeiten der Brüder Anton und Nikolas Rubinstein, dem Pianisten und dem Direktor der Musikgesellschaft.[61] Um dieselbe Zeit half ihm Heinrich Porges in Prag, Konzerte zu veranstalten[62], und in Wien ließ sich Wagner während einer Krankheit von dessen Bruder Fritz, einem angehenden Arzt, gesund pflegen.[63] Beim erneuten Versuch am Anfang der sechziger Jahre, Paris doch noch mit dem Tannhäuser zu erobern, erhielt Wagner finanzielle Hilfe von einer Madame Schwabe.[64] Zur gleichen Zeit bot ihm der Bankier Emil Erlanger an, ihm Vorschüsse für die Vorbereitung der geplanten Opernaufführung zu geben.[65] Wagner war nicht nur bereit, die dringend benötigte Hilfe aus jüdischen Händen anzunehmen, es fehlt auch jedes Zeichen dafür, daß er einen inneren Widerstand überwinden mußte.

Erlanger begleitete Wagners Unternehmen auch noch in den Bayreuther Tagen. In Cosimas Tagebüchern wird er je nach seiner Leistung entweder gelobt oder getadelt. Schien Tadel am Platz, wird nicht nur seiner, sondern auch seines Stammes gedacht.[66]

Die Veränderlichkeit von Wagners Einstellung zu Juden wird besonders deutlich am schwankenden Verhältnis zu Joseph Joachim, dem großen Violinisten jüdischer Herkunft und einem der bedeutendsten Virtuosen und produktiven Komponisten seiner Zeit. Joachim gehörte zu einer Gruppe von Musikern, die unter Mitwirkung von Franz Liszt und Hans von Bülow im Jahre 1853 Wagner nach seiner Rückkehr aus Italien in Basel feierlich empfangen hatten. Bei der allgemeinen Lebhaftigkeit der Gesellschaft fiel Wagner Joachims Zurückhaltung auf, woraufhin Bülow ihn aufklärte, daß Joachim wegen seiner „in jenem famosen Artikel über das Judentum ausgesprochenen Meinungen" befangen sei. Joachim habe Bülow „bei der Vorlegung einer seiner Kompositionen ... mit einer gewissen freundlichen Ängstlichkeit gefragt, ob ich [Wagner] dieser Arbeit wohl etwas Jüdisches anmerken können würde".[67] Joachim gehörte zu den Leipziger Professoren, die gegen die Publizierung von Wagners Artikel protestiert hatten. Was wir sonst über Joachims Leben wissen, läßt vermuten, daß seine Frage an Hans von Bülow ironisch gemeint war.[68] Wagner fand in Joachims angeblicher Verlegenheit einen „rührenden, ja ergreifenden Zug" und ließ sich herbei, Joachim durch ein „besonders teilnahmvolles Abschiedswort und eine herzliche Umarmung" zu versöhnen.[69] Zu dieser Zeit gehörte Joachim als Anhänger der Wagnerschen Richtung zu Wagners „Ausnahmejuden", er nahm also eine Position ein, die er durch seine spätere Gesinnungsänderung gründlichst einbüßte.

Wagners Fähigkeit, seiner eigenen Ideologie aus dem Wege zu gehen, wird am Beispiel Karl Tausigs am besten verdeutlicht. Dieser kam als Siebzehnjähriger im Mai 1858 in Zürich zu Wagner, als dieser gerade die Krise mit Mathilde Wesendonck hinter sich hatte. Der Meister erkannte die hohe musikalische Begabung des frühreifen Jünglings und behielt ihn bei sich. So entwickelte sich zwischen den beiden eine Art Vater-Sohn-Verhältnis, wobei der „Vater" nicht weniger aus der Beziehung profitierte als der „Sohn".[70] Das Erscheinen dieses adoptionswürdigen Sohnes aus dem verachteten Stamme der Juden drohte die Theorie der künstlerischen Minderwertigkeit der Juden über den Haufen zu werfen. So mußte den Tatsachen Gewalt angetan werden. Wagner erklärte in einem Brief an seine Frau, Tausigs Vater sei ein „ehrlicher Böhme, durchaus Christ".[71]

Tausig selbst wurde durch sein Judesein an der Freundschaft mit Wagner nicht gehindert. Im Gegensatz zu Joseph Rubinstein, von dem später die Rede sein wird und der geradezu aus Verzweiflung an seinem Judentum bei Wagner Heilung suchte, scheint die jüdische Abstammung für Tausig keine Belastung gewesen zu sein. Dies mag nicht nur an der unterschiedlichen Persönlichkeitsstruktur der beiden gelegen haben. Rubinstein meldete sich bei Wagner im Frühjahr 1872, also drei Jahre nach der Wiederveröffentlichung vom „Judentum in der Musik", dessen Lektüre zweifellos sowohl in seinem Krisenbewußtsein als auch in seinem Rettungsversuch bei Wagner eine Rolle spielte. Tausig, der beim anonymen Erscheinen des Artikels neun Jahre alt und vor der Wiederveröffentlichung zu Wagner gekommen war, hat von der Existenz des Artikels möglicherweise nichts gewußt.

Wie schon erwähnt, war die anti-jüdische Gesinnung Wagners vor der Wiederveröffentlichung seines Artikels nicht ins allgemeine Bewußtsein gedrungen. Bei der Erstveröffentlichung wurde er in der jüdischen Öffentlichkeit nicht diskutiert. Jedenfalls war das jüdische Publikum, soweit es an Wagners Musik Gefallen fand, nicht daran gehindert, ihm zuzujubeln. Daß es das auch tat, ist durch Wagner selbst in seinem Bericht über ein Konzert in Breslau 1863 bezeugt. „Zu meinem Entsetzen sah ich fast das ganze Lokal, namentlich den Vorderteil desselben nur von Juden innegehabt". Daß er in der Tat seinen Erfolg in Breslau „überhaupt nur der angeregten Teilnahme dieses Teiles der Bevölkerung zu verdanken hatte", sah er am nächsten Tag, als er einem ihm zu Ehren veranstalteten Mittagessen beiwohnte, an „welchem nur Juden teilnehmen".[72] Wagners Entsetzen beim Anblick der jüdischen Physiognomie seines Publikums zeugt von der Verankerung seiner Judenphobie. Einzelnen gegenüber war er wohl bereit und imstande, sie zu verdecken oder zu verdrängen, bei der überraschenden Begegnung mit dem kollektiven Phänomen des Jüdischen dagegen brach der Widerwille elementar durch.

Unsere Behauptung, daß die nachhaltige Folge der Erstveröffentlichung des Aufsatzes eigentlich nur im Bewußtsein seines Verfassers zu suchen ist, wird also bestätigt. Während andere den Aufsatz längst vergessen oder nie davon gehört hatten, glaubte Wagner, die von ihm projizierte Feindschaft zwischen ihm und den Juden sei ein immer gegenwärtiger Faktor, der sein Schicksal mitbestimme. Diese Vorstellung diente ihm dann als Erklärung für Rückschläge und Mißerfolge in seinem Privatleben und in seiner künstlerischen Karriere. Hinter jedem Hindernis war für ihn der konspirierende Jude versteckt, der leibgewordene Anti-Wagner. Auf diese Weise wurde Wagner die Überprüfung seiner eigenen Taten und Gesinnung erspart. Um jedoch vor Selbstkritik ganz geschützt zu sein, mußte er einen Schritt weitergehen und die Gleichung Jude = Gegner umkehren in Gegner = Jude.

Davidson, der Musikkritiker der „Times" in London, der als unerbittlicher Kritiker bekannt war, lehnte die Musik Wagners energisch ab. Wagner schrieb dazu: „Vor allem erklärte sich sofort der Musikreferent der ‚Times', Herr Davidson, in feindlichstem Sinne gegen mich. Ich erfuhr an diesem Manne zum ersten Mal bestimmt und deutlich die Wirkung meines früheren Aufsatzes über das Judentum in der Musik",[73] wobei das Juden-Sein des Kritikers (eines Schotten) und seine Vertrautheit mit dem vor fünf Jahren auf deutsch geschriebenen Aufsatz als selbstverständlich unterstellt wurden. Nicht unähnlich erging es Eduard Hanslick, dem Wiener Kritiker, der Wagners musikalische Entwicklung einige Zeit mit Sympathie und Verständnis begleitete und mit dem Wagner auch gelegentlich persönliche Beziehungen unterhielt.[74] Als dann mit der pointierten Ausrichtung von Wagners Musik Hanslick, wie viele andere, Wagner den Rücken kehrte und dabei, wohl durch die Schuld beider, die Gegnerschaft zur bitteren Fehde wurde, wußte Wagner keine andere Ursache dafür anzugeben als den angeblichen jüdischen Hintergrund des Kritikers. Als

Hanslick die bäuerliche Abstammung seines Vaters beteuerte, ließ sich Wagner sagen, daß Hanslicks Mutter Jüdin gewesen sei, was ihm zur Erklärung des Verhaltens des Kritikers genügte.[75]

Wagners intellektuelle Entwicklung weist eine Reihe von Adoptionsprozessen auf – die Lehre Ludwig Feuerbachs, die Weltanschauung Arthur Schopenhauers, die Rassentheorie des Grafen Gobineau und schließlich der Glaube an die regenerative Wirkung des Vegetarismus wurden für ihn zu dauernden, teilweise leidenschaftlich verfochtenen Bekenntnissen. Das Bewußtsein seiner genialen Originalität in der Musik scheint ihm ein Gefühl der Urteilssicherheit auch auf Gebieten eingegeben zu haben, in denen er sich wenig auskannte. Daher auch sein Selbstvertrauen, König Ludwig II. von Bayern als politischer Ratgeber dienen zu können. Seine Ratschläge enthielten übrigens auch Elemente seiner anti-jüdischen Gesinnung. Diese fügte sich jetzt zwanglos in das royalistische Weltbild, das ihm situationsgemäß vorschwebte. Unter Verleugnung seiner ehemaligen demokratischen Neigung sah er jetzt die politische sowie die geistige Führung des deutschen Volkes als schicksalhaft den Fürsten auferlegt. Revolution und Demokratie seien dem konservativen deutschen Volksgeist fremd; wenn sie aber auftreten würden, müßten sie auf die Rechnung fremden „französisch, jüdisch-deutschen" Einflusses gesetzt werden.[76] Der Grundbegriff, mit dem Wagner hier – wie schon im „Judentum in der Musik" – operiert, ist der Volksgeist, den alle europäischen Völker besitzen, während die Juden als „sonderbares Menschengeschlecht" schlechterdings daran keinen Anteil haben können. Wenn es den Juden gelungen sei, sich in Ungarn und Polen an die Stelle des fehlenden Mittelstandes zu setzen und sich selbst in Deutschland an die Seite des Bürgertums zu stellen, so sei dies ein naturwidriger, schädlicher

Vorgang. Am schlimmsten sei es, daß die Eindringlinge im Bereich „des öffentlichen Geisteslebens ... der Politik, der Literatur, der öffentlichen Kunst, namentlich der Musik und des Theaters" Alleinherrscher geworden seien. Schuld an dieser Situation trügen die deutschen Fürsten, die ihre Aufgabe als die Beschützer des nationalen Geistes vernachlässigten. Das so entstandene kulturelle Vakuum hätte die fremdartigen Juden herbeigelockt. Wagner verwendete hier wieder das aus dem Aufsatz bekannte Bild: „Ein sterbender wird sofort von den Würmern gefunden, die ihn vollends zersetzen und sich assimilieren."[77]

Diese Darstellung Wagners sollte bewirken, daß Ludwig sich auf seine Aufgabe als Lenker der Geschichte seines Volkes besann und die Erneuerung des deutschen Geistes, selbstverständlich mittels der Wagnerschen Kunst, in Angriff nahm. Daß Wagner glauben konnte, dem König nicht nur die Regenerationsbedürftigkeit der deutschen Kultur zu demonstrieren, sondern ihn auch von ihrem jüdischen Ursprung überzeugen zu müssen, zeigt, wie tief die Judenphobie sich bei ihm in dieser Zeit festgesetzt hatte.

1 *Das Judentum in der Musik*, S. 9.
2 Zitiert bei Tibor Kneif, *Richard Wagner, Die Kunst und die Revolution, Das Judentum in der Musik, Was ist deutsch*, München 1975, S. 115.
3 So Uhlig in seiner Erwiderung in der *Neuen Zeitschrift für Musik*, 23. Juli 1850 (Nr. 7), S. 30.
4 „Die sittliche Entrüstung des wahrscheinlich glaubensgenössischen Ungenannten", ebenda. Uhlig kann an Ferdinand Hiller gedacht haben, der an der Herausgabe der Kölner Zeitschrift beteiligt war.
5 Siehe Kneif, Anm. 2.
6 Siehe Uhlig, Anm. 3.

7 *Neue Zeitschrift für Musik*, 18. und 21. Juni 1850 (Nr. 49, 50), S. 254. Siehe auch S. 255: „Ein Königreich für ein Volkslied".

8 Ebenda, S. 254 f.

9 Richard Wagner, *Mein Leben*, München 1969, S. 479.

10 Richard Wagner, *Sämtliche Briefe* Bd III, S. 544.

11 Ebenda, S. 544 f.

12 Siehe Kap. III.

13 *Neue Zeitschrift für Musik*, 26. Februar 1850 (Nr. 17), S. 82. Der Artikel ist mit „vt" unterschrieben. Wagner mag gewußt haben, um wen es sich handelte.

14 Robert G. Gutman, *Richard Wagner, The Man, His Mind and His Music,* New York 1968, S. 68 f.

15 *Sämtliche Briefe* Bd III, S. 545.

16 Ebenda.

17 *Mein Leben*, S. 479.

18 Siehe Anm. 10.

19 *Mein Leben*, S. 338.

20 Über Auerbach siehe Jacob Katz, „Berthold Auerbach's Anticipation of the German-Jewish Tragedy", *Hebrew Union College Annual* LIII (1982), S. 215–240.

21 *Judentum*, S. 10.

22 Richard Wagner, *Briefe, Die Sammlung Burrel*, Hrsg. John N. Burk, Frankfurt 1953, S. 391.

23 Gutman, *Richard Wagner*, S. 130 f.

24 *Sämtliche Briefe* Bd III, S. 383.

25 *Mein Leben*, S. 219.

26 Siehe dazu Richard Wagner, *Sämtliche Briefe* Bd II, S. 223; Bd III, S. 544 f.

27 Ebenda Bd III, S. 545.

28 *Sämtliche Briefe* Bd IV, Einleitung S. 7 f.

29 Ebenda Bd III, S. 545.

30 Ebenda.

31 Fr. Brendel, „Das Judentum in der Musik", *Neue Zeitschrift für Musik*, 4. Juli 1851 (Nr. 1), S. 4.

32 Über beide siehe unten.

33 *Aus Moscheles' Leben, Briefe und Tagebücher*, herausgegeben von seiner Frau, Leipzig 1873, S. 216–218.

34 Eduard Krüger, „Judentümliches", *Neue Zeitschrift für Musik*, 1. Oktober 1850 (Nr. 27), S. 154 f.

35 Ebenda, S. 146.

36 *Sämtliche Briefe* Bd III, S. 462.

37 E. Bernsdorf, „K. Freigedank und das Judentum in der Mu-

sik", *Neue Zeitschrift für Musik*, 15. Oktober 1850 (Nr. 31), S. 165–168.

38 Ebenda, S. 166 f.

39 *Sämtliche Briefe* Bd III, S. 463.

40 Fr. Brendel (Anm. 31), S. 6.

41 Ebenda, S. 4–6.

42 *Sämtliche Briefe* Bd. IV, S. 397; siehe auch S. 457.

43 Ebenda, S. 468.

44 *Mein Leben*, S. 480.

45 Ebenda, S. 612, 625, 643, 645. Siehe Heinz Becker, „Giacomo Meyerbeer", *Leo Baeck Institute Year Book* IX (1964), S. 190–192. Dort auch über die Rezeption dieser Anschuldigung Meyerbeers in der Wagner-Literatur.

46 *Briefe, Sammlung Burrel*, S. 471.

47 *Mein Leben*, S. 535 f.

48 Ebenda, S. 755.

49 Cosima notierte am 3. Mai 1873: „Heute ist der 3. Mai; gestern vor 9 Jahren starb Meyerbeer, heute vor 9 Jahren trat Pfistermeister [der Abgesandte des Königs von Bayern] zu R[ichard], und morgen den 4ten kam er zu dem König". Die Verbindung der beiden Daten prägte sich also auf die Dauer ein.

50 *Sämtliche Briefe* Bd III, S. 427.

51 *Mein Leben*, S. 337 f; siehe Jacob Katz, Aufsatz über Auerbach (Anm. 20).

52 *Mein Leben*, S. 338. Die von Wagner überlieferten Äußerungen über Auerbach sind durchaus glaubhaft. Keller hatte eine sehr ambivalente Einstellung gegenüber Auerbach, wie seine Korrespondenz mit Auerbach beweist. (G. Keller, *Gesammelte Briefe*, Bd. 1–4, Bern 1950–54, Index.

53 *Mein Leben*, S. 338.

54 Auerbach hat nach dem Tod seiner ersten Frau wieder geheiratet und in dieser – unglücklichen – Ehe gelebt.

55 Ebenda. Ein Besuch Auerbachs bei Wagner in Zürich wird in einem Brief vom 23. August 1852 an Uhlig erwähnt; *Sämtliche Briefe* Bd IV, S. 448.

56 Siehe Anm. 10.

57 *Mein Leben*, S. 307 f.

58 *Sämtliche Briefe* Bd III, S. 375.

59 Ernest Newman, *The Life of Richard Wagner*, Cambridge 1937, Bd II, S. 429.

60 *Mein Leben*, S. 530.

61 Ebenda, S. 728–732.

106

62 Ebenda, S. 736, 746. Für eine genaue Beschreibung von Porges' Leistungen für Wagner siehe Leo Brod, „Richard Wagners jüdische Propagandisten", *Nordbayrischer Kurier, Festspielnachrichten, Parsifal*, 1976. In *Mein Leben* wird Porges' jüdische Herkunft nicht erwähnt, in Cosimas Tagebüchern dagegen oft und nicht gerade lobend; *Tagebücher* Bd I, S. 203, 206.

63 *Mein Leben*, S. 738 f.

64 Ebenda, S. 621 f. sowie die Anmerkung des Herausgebers S. 821. Ob Madame Schwabe Jüdin war, ist nicht klar; Wagner scheint es aber vermutet zu haben.

65 Ebenda, S. 637, 647, 655.

66 Die Tätigkeit Erlangers läßt sich nach dem Personenregister der Tagebücher Cosimas verfolgen. Seines Judentums wird in Bd I, S. 769, gedacht.

67 *Mein Leben*, S. 514.

68 Über Joachim siehe Andreas Moser, *Joseph Joachim*, 2 Bde, Berlin 1907–10.

69 *Mein Leben*, S. 514.

70 Martin Gregor-Dellin, *Richard Wagner*, S. 436.

71 *Briefe, Sammlung Burrel*, S. 436.

72 *Mein Leben*, S. 747.

73 Ebenda, S. 529.

74 *Sämtliche Briefe* Bd II, S. 535–538 (Anm. des Herausgebers S. 535).

75 Siehe darüber Kapitel VI.

76 *König Ludwig II. und Richard Wagner, Briefwechsel*, Karlsruhe o. J., Bd IV, S. 28.

77 Ebenda, S. 19 f.

SECHSTES KAPITEL

Die Wiederveröffentlichung

Im Jahre 1857 plante Franz Brendel, einige kleinere Arbeiten Wagners zu veröffentlichen. Wagner bedeutete ihm durch Hans von Bülow, vom „Wiederabdruck des Judenartikels gleichviel ob pseudonym oder signiert ... doch ja abzustehen. Er fürchtet Erneuerung von im Augenblick vielleicht nutzlos schädlichem Skandal. Auch hat er die Absicht seine zerstreuten Aufsätze ... später zu einem kleinen Bande vereint ... herauszugeben".[1] Die Wiederveröffentlichung wurde also erwogen, aber vorläufig nicht unternommen. Nach kaum anderthalb Jahren überwand Wagner seine Bedenken. Brendel war inzwischen gestorben, und Wagner selbst veröffentlichte den Aufsatz signiert und erweitert durch ein Vorwort und einen Nachtrag – Zusätze, die keineswegs dazu angetan waren, die skandalerregenden Tendenzen der Schrift zu dämpfen. Bevor wir uns der Frage zuwenden, was den Entschluß zur Veröffentlichung herbeigeführt hat, erscheint es angebracht, sich mit dem Inhalt der Ergänzungen zu befassen.

Wagner widmete die Broschüre – zu der der Aufsatz jetzt angewachsen war – Marie Muchanoff, geborene Gräfin Nesselrode, und setzte einen Brief an sie an den Anfang. Die Dame habe in einem unlängst stattgefundenen Gespräch die „verwunderungsvolle Frage" gestellt „nach dem Grunde der ihnen unbegreiflich dünkenden, so ersichtlich auf Herabsetzung ausgehenden Feindseligkeit ... welcher jeder meiner künstlerischen Leistungen namentlich in der Tagespresse nicht nur Deutschlands, sondern auch Frankreichs und Englands begegene".[2] Die Gräfin sei nicht die einzige, die über diese Erscheinung erstaunt sei. Der Verfasser sehe sich so veranlaßt, die in der Öffentlichkeit gestellte Frage öffentlich zu beantworten. Die Antwort sei im Aufsatz oder vielmehr in seiner nachhaltigen Wirkung enthalten. Da der Aufsatz den jüdischen Anteil an der Entwicklung der modernen Musik kritisch beleuchte, räche sich die Judenheit, die ja die öffentliche Meinung beherrsche, an seinem Verfasser. Wo immer ein Stück Wagners zur Aufführung gekommen sei, in Berlin, Wien, Paris oder London, sei es von der Presse, in Erinnerung an den Judenartikel des Verfassers, ungeprüft abgelehnt, verdammt und ins Lächerliche gezogen worden. Die Ablehnung hätte den Anschein der Spontaneität gehabt, aber ihre Einheitlichkeit lasse vermuten, daß es sich dabei um „eine energische Organisation und Leitung" handle.[3] „Von jenem Artikel über ‚Das Judentum in der Musik' tauchte ... nie wieder das Mindeste auf",[4] aber gerade das Schweigen darüber sei ein Zeichen der bewußten Bezugnahme und der Verabredung. Die Juden wollten der Auseinandersetzung mit der im Aufsatz an ihnen geübten Kritik aus dem Weg gehen und täuschten andere Beweggründe für ihre Ablehnung der Wagnerschen Kunstrichtung vor. Die Wiederveröffentlichung des totgeschwiegenen Aufsatzes solle die Anhänger Wagners darüber aufklären, woher die sonst unerklärliche Gegnerschaft zu seiner Kunst stamme. Gleichzeitig ist damit beabsichtigt, die Juden zu zwingen, ihr Versteckspiel aufzugeben und sich der im Aufsatz an ihnen geübten Kritik zu stellen.

Vor- und Nachwort des Aufsatzes sollen also angeblich lediglich als Einleitung und Begründung der Neuveröffentlichung dienen. Dem Leser wird aber nicht entgangen sein, daß es gleichzeitig eine Fortsetzung der antijüdischen Fehde Wagners ist und ihm Gelegenheit gab, mit seinen neuen jüdischen oder für jüdisch erklärten Gegnern abzurechnen. Bei diesen handelte es sich nicht mehr – wie bei Mendelssohn und Meyerbeer – um Vorläufer oder Rivalen, sondern um Kritiker und Kollegen, die Wagners Zorn besonders dadurch erregt hatten, daß sie sich ursprünglich zu seinen Bewunderern oder Mithelfern zählten, aber aus für Wagner unbegreiflichen Gründen sich von ihm losgesagt hatten. Was konnte sie sonst dazu bewegt haben als der Anschluß an die gegen ihn gerichtete Konspiration? Da war der einflußreiche Kritiker der Wiener Musikwelt – ungenannt, aber kenntlich gemacht durch die Erwähnung seines „Libels über das ‚Musikalisch-Schöne'" – der „anfänglich mit fast enthusiastischer Neigung für mich erklärt hatte", sich aber dann „für den allgemeinen Zweck des Musikjudentums" werben ließ.[5] Er sei dafür „durch seine wenn auch ziemlich verdeckte jüdische Abkunft besonders zugänglich" gewesen – eine Andeutung auf die angeblich jüdische Mutter des Herrn Dr. Hanslick.[6] Nun hätte sich ein „durchaus blonder deutscher Ästhetiker" – Herr Professor Vischer aus Wien – mit Dr. Hanslick verbündet, dessen Artikel in sein „großes Werk" einverleibt, und so weile nun „die musikalische Judenschönheit mitten im Herzen eines vollblutig germanischen Systems der Ästhetik". Das sei das Werk „von Juden und übertölpelten Christen".[7]

Auf diese Weise wird auch die Verbindung von Professor Bischof aus Köln mit Ferdinand Hiller gedeutet. Wagner hielt Ludwig Bischof für den Erfinder des Ausdrucks „Zukunftmusik", mit der Bischof die von ihm vertretene Idee des „Kunstwerks der Zukunft" karikieren wollte.[8] Auch Bischofs Verhalten sei eine Reaktion auf das „Judentum in der Musik", „von ihm mit keinem Worte erwähnt, im Gegenteil steifte er sich darauf, Christ und Abkömmling eines Superintendenten zu sein". Aber war nicht Bischof „ein Freund und Bewunderer des Herrn Ferdinand Hiller"? Hiller selbst, wenn auch früher nicht geschätzt, so doch gerne in Anspruch genommen, hatte sich inzwischen zu den Gegnern geschlagen. Welche anderen Gründe kann er gehabt haben als Vergeltung für das „Judentum in der Musik"?[9]

Der dritte, dessen Abwendung von Wagner seiner jüdischen Abstammung zugeschrieben wird, war Joachim, dem, solange er ein Anhänger Wagners war, sein Judentum höchst gnädig verziehen wurde. Joachims Name wird im Nachwort zum „Judentum in der Musik" nicht genannt, doch jedem Leser war klar, wer „mit dem Abfalle eines bisher warm ergebenen Freundes, eines großen Violinvirtuosen" gemeint war, der mit der Entfaltung der spät-Wagnerschen Musik seine Gefolgschaft kündigte.[10]

Besonders aufschlußreich ist schließlich der Fall Berthold Auerbach, der zwar kein Musiker war, aber nach Wagners Ansicht als Schriftsteller zu seinen Gunsten hätte wirken können. Auch der Name Auerbachs wird im Nachwort vermieden, doch die Beschreibung war für den zeitgenössischen Leser unmißverständlich: „Ein offenbar sehr begabter, wirklich talent- und geistvoller Schriftsteller jüdischer Abkunft, welcher in das eigentümlichste deutsche Volksleben wie eingewachsen erscheint." Wer anders konnte da gemeint sein als der Verfasser der berühmten „Schwarzwälder Dorfgeschichten", der sich über die Dichtungen „Der Ring des Nibelungen" und „Tristan und Isolde" in den sechziger Jahren mit „anerkennender Wärme und ... deutlichem Verständnis" ausgesprochen habe. Von Wagners Freunden aufgefordert, „seine Ansicht über diese Gedichte, welche von unseren literarischen Kreisen so auffallend ignoriert wurden, auch öffentlich darzulegen", habe er sich dieser Aufgabe entzogen. Warum wohl? Wagner hatte seine Antwort bei der Hand. Da er, Wagner, vom Stamme Auerbachs geächtet sei, hätte es „als geradewegs todeswürdiges Verbrechen" gegolten, ihn in Schutz zu nehmen.[11] Wir erinnern uns, daß Wagner von einer späteren Begegnung mit Auerbach berichtete, bei der er ihn, im Gegensatz zur Dresdener Zeit, auch äußerlich abstoßend fand. Es ist wohl nicht falsch, diese Geschmacksveränderung mit Auerbachs Verweigerung des erbetenen Liebesdienstes in Verbindung zu bringen.

Wagner blieb es nicht verborgen, daß seine Theorie über die allgemeine Judenverschwörung schwer mit den „unleugbaren Erfolgen welche mir zu Theil wurden"[12] in Einklang zu bringen war. Er war aber nicht um eine Auflösung des Widerspruchs verlegen. So unterschied er zwischen der Presse und dem allgemeinen Publikum, „dessen gute Aufnahme mir überhaupt die Juden nirgends noch hatten verderben können",[13] als ob in diesem Publikum nicht auch Juden, und zwar – wie es ihm aus seinem Breslauer Erlebnis bekannt sein mußte – sehr oft in großer, wenn nicht sogar in überwiegender Zahl vertreten gewesen wären. Die große Beteiligung der Juden am Theater und Musikleben war allgemein bekannt. Hans von Bülow, ein Gesinnungsgenosse Wagners in der Beurteilung der Juden, aber unfähig, der Ideologie zuliebe den Tatsachen Gewalt anzutun, hat das bezeugt.[14] Doch Wagners Fähigkeit, die Tatsachen entsprechend seiner Theorie nicht nur zu deuten, sondern selektiv wahrzunehmen, kannte keine Grenzen.

Eine Tatsache konnte jedoch Wagner nicht leugnen, und zwar die, daß auch Juden zu den energischsten Verfechtern seiner künstlerischen Richtung zählten. Hier war seit der Erstveröffentlichung des Aufsatzes etwas Wesentliches eingetreten. Damals hatte er Juden wie Hiller und Auerbach höchstens als Weggefährten; jetzt, da diese aus den Reihen der Verehrer ausgeschieden waren, traten an ihre Stelle aktive Mitarbeiter wie Karl Tausig, Hermann Levi und eifrige Propagandisten wie Heinrich Porges und manche andere. Wie Tausig zu Wagner kam, haben wir bereits gesehen. Levi, der ungetaufte Sohn eines Rabbiners, war Kapellmeister in Karlsruhe und dirigierte dort mit Vergnügen und Erfolg Wagnersche Werke. Porges hatte Wagner 1863 zu einem künstlerischen und finanziellen Erfolg in seiner Heimatstadt Prag verholfen, und seitdem steigerte sich sein Enthusiasmus und seine Hilfsbereitschaft für den Meister ständig.[15] Wie konnte das mit der These über die allgemeine Konspiration in Einklang gebracht werden?

Hier kam Wagner seine bereits in der ersten Fassung des Artikels am Fall Börne exemplifizierte Theorie zu Hilfe, daß das jüdische Wesen durch eine in die Tiefe der Persönlichkeit eingreifende Verwandlung des Einzelnen überwindbar sei. Diese Behauptung erscheint nicht mehr wie in der ersten Fassung als eine Art Nachgedanke, sie wird vielmehr zu Beginn der Neuveröffentlichung im Begleitbrief und dann am Ende des Anhangs ausführlich erörtert. Sie stellt also in der Neuveröffentlichung geradezu den Ideenrahmen des Aufsatzes dar. Wagner spricht von „wahrhaft sympatischen Freunden, welche das Schicksal mir aus der Stammesverwandtschaft [der Juden] zuführte", die im Aufsatz aber trotzdem wegen ihrer „so schwer vertilgbaren, unserer Cultur nachteiligen Eigentümlichkeiten" gezüchtigt werden soll. Diese Freunde werden sich davon jedoch nicht getroffen fühlen, denn sie gehörten zu denen, die dank einer „wahrhaft humanen Entwicklung" jene Eigentümlichkeiten abstreifen konnten. Diese Freunde stünden mit ihm „auf ganz gleichem Boden" und hätten unter dem selben Druck „noch empfindlicher, selbst schmählicher zu leiden".[16]

Dieser befreiende Akt der Entjudung sei keineswegs auf die wenigen, die ihn bereits erprobt hätten, beschränkt. Er sei vielmehr für die Judenheit überhaupt zu empfehlen, wie Wagner am Schluß seiner Betrachtungen schreibt. Hier versucht er, seinen Ausführungen ihre persönliche Note zu nehmen und ihnen das Gewicht einer allgemeingültigen Diagnose zu verleihen. In Anbetracht des „Einflusses, welchen die Juden auf unser geistiges Leben gewonnen haben" und der sich im „Verfall unserer Cultur" ausdrücke, gebe es nur zwei Wege. Der eine sei „die gewaltsame Auswerfung des zersetzenden fremden Elements", der andere, „daß dieses Element uns in der Weise assimiliert (werde), daß es mit uns gemeinschaftlich der höheren Ausbildung unserer edleren menschlichen Anlagen zureife". Ob die erste Alternative gangbar ist, darüber erlaubt sich der Verfasser kein Urteil, „weil hierzu Kräfte gehören müßten, deren Vorhandensein mir unbekannt ist". Die gewaltsame Entfernung der Juden ist also eine Frage der praktischen Möglichkeit. Moralische Bedenken dagegen bestehen nach Wagners Ansicht nicht. Da immerhin dieser Lösungsweg praktisch nicht in Frage kommt, ist der Weg der Assimilation der einzig gangbare. Ist dies der Fall, „so ist es ersichtlich, daß nicht die Verdeckung der Schwierigkeiten dieser Assimilation, sondern nur die offenste Aufdeckung derselben hierzu förderlich sein kann".[17] Die Schmähschrift dient also zu guter Letzt einem löblichen Zweck, nämlich den Juden den dornenvollen Weg der Assimilation zu zeichnen, und der Verfasser sieht sich folglich durchaus berechtigt, dafür die Dankbarkeit der jüdischen wie nicht-jüdischen Zeitgenossen zu erhalten.

Ob Wagners Erwartung, daß ihm die höchst subjektiv gefärbte Analyse der Judenfrage als Verdienst anerkannt werde, ernst gemeint war, kann man mit Recht bezweifeln. Als im Jahr davor lediglich von der Wiederveröffentlichung des ursprünglichen Textes die Rede war, schrak er davor wegen des zu befürchtenden Skandals zurück. Die nun vorgelegte Schrift war jedoch viel belastender, da sie die Kritik am jüdischen Kunstbetrieb wiederholte und außerdem Ausfälle gegen eine Reihe von noch lebenden Persönlichkeiten enthielt. Der Verfasser konnte sich über die zu erwartende Reaktion kaum getäuscht haben. Was hat ihn also veranlaßt, das Risiko in Kauf zu nehmen?

In der Wagner-Forschung gibt es darüber nur Vermutungen, unter anderen die paradoxe Annahme, daß es sich dabei um einen taktischen Schachzug handelte und Wagner durch den zu erwartenden Skandal mit einer steigenden Aufmerksamkeit der Öffentlichkeit für seine Werke rechnete: Da die Polemik um die Wagnersche Neuschöpfung abzuflauen begonnen und sich nach der Uraufführung der „Meistersinger" im Sommer 1868 auch in der Presse ein Umschwung zugunsten Wagners gezeigt habe, sei für Wagner Opposition erforderlich gewesen, und die Veröffentlichung der Judenbroschüre sei dazu angetan, diese wachzuhalten. Diese Erklärung gab Jahrzehnte nach den Ereignissen W. Weissheimer, ein Zeitgenosse Wagners, in seinen Erinnerungen (1898). Spätere Forscher akzeptierten sie, da sie keine bessere Begründung fanden.[18] Sie wird jedoch von Wagners eigenen Äußerungen eindeutig widerlegt.

In der ersten vertraulichen Mitteilung über die geplante Wiederveröffentlichung der Broschüre in einem Brief an Hans von Bülow vom 27. Dezember 1868 nahm Wagner Bezug auf Madame Muchanoff, „welche so verwundert frug, woher nun die unablässigen Feindseligkeiten der Presse u. s. w. gerade gegen mich kämen? Diese Verwunderung, welche auch bei manchem unschuldigen Berichterstatter über mich zu Zeiten mit unterlief, soll nicht mehr bestehen können."[19]

Objektiv gesehen mag um diese Zeit der Widerstand gegen die Wagnersche Musik nachgelassen haben. Subjektiv sah sich Wagner immer noch von der Presse verfolgt. „Die unerhörten Unverschämtheiten der Wiener

Presse bei Gelegenheit der ‚Meistersinger', die fortge-
setzte Lügenschneiderei über mich ... haben mich endlich zu meinem rücksichtslosen Schritte bestimmt",[20]
schrieb Wagner an Karl Tausig im April 1869, während
der Sturm um die einen Monat vorher erschienene Broschüre in Gang war. Im Februar kündigte er Julius Lang
in einem Brief das Erscheinen der Broschüre an: „Ich bin
jetzt entschlossen auch für meine Person den Niederträchtigkeiten entgegenzutreten", und dann in einem
Ton des Selbstbedauerns: „Ich habe nun genug gelitten, um
nicht schließlich auch daran zu denken, mein Lebenswerk vor diesen Niederträchtigkeiten ... zu sichern."[21]
  Wollte man die Aufrichtigkeit dieser brieflichen Mit-
teilungen bezweifeln, so stehen uns nach der Veröffentlichung von Cosimas Tagebüchern, deren Beginn am
1. Januar 1869 mit der Vorbereitung der Broschüre zu-
sammenfällt, die vertraulichsten Äußerungen zur Verfügung. Wohl wurde „die Opportunität der augenblickli-
chen Publikation des Juden-Aufsatzes" diskutiert, und
Cosima erwog, ob die Veröffentlichung Wagner „die
größten Widerwärtigkeiten bringen", „eine gute Wirkung" haben oder vielleicht „gänzlich ignoriert" werden
würde. Sie neigte ohne Zweifel dazu, das erste anzunehmen, wie aus ihrer Eintragung vom 11. Januar ersichtlich
ist: „Er hat den Judenaufsatz abgeschickt, was mich mit
Bangigkeit erfüllt, was ich aber doch nicht verhindern
wollte." Wagner war sich der Zweifel seiner Gefährtin
bewußt, und noch drei Jahre später kam er darauf zurück: „Er sagt ... er müsse immer etwas tun, was ich
nicht ganz gut heißen könne, worüber, wenn es geschehen sei, ich ihm aber nie Vorwürfe mache ... er erinnert
mich dabei an die Publikation des ‚Judentums'."[22] Cosima belächelte also mit Recht die von Marie Muchanoff
überbrachte Nachricht, daß „die Leute mir die Schuld an
der Judenbroschüre geben".[23]

Bedenken über die Veröffentlichung spielen auch eine Rolle beim Entschluß, bei der Herausgabe seiner Gesamtschriften 1871 auf den Abdruck zu verzichten.[24] Ein Jahr später änderte Wagner seine Meinung und ließ den Aufsatz ohne das Nachwort im fünften Band abdrukken.[25] Wagner war davon überzeugt, daß die „gute Wirkung" der Broschüre die mit ihr verbundenen Widerwärtigkeiten überwiegen würde. So absurd das auch klingen mag, er glaubte an die Judenkonspiration, wie man an eine Theorie glaubt, die die sonst unverständlichen Tatsachen – nämlich die des fortdauernden Unverständnisses für sein Werk – schlagartig zu erklären imstande sei. In dem oben erwähnten Brief an Lang heißt es: „In kurzer Zeit erscheint von mir eine Broschüre: ‚Das Judentum und die Musik' durch welche auch Sie neue und sonderbare Aufklärungen erhalten werden."[26] Freund und Feind sollten nun wissen, was ihm von seinen geschworenen Gegnern angetan wurde.

Zuerst hatte es den Anschein, als sollte Wagner und nicht Cosima recht behalten. Die negativen und positiven Reaktionen auf die Broschüre hielten sich mehr oder weniger die Waage. Die erste Nachricht kam von Hans von Bülow. Selbst anti-jüdisch gesinnt, sah von Bülow mit Freude dem Spektakel entgegen, das, wie er richtig voraussah, der Publikation folgen mußte. „Herrje, wird das ein Halloh geben", schrieb er an einen Freund beim Empfang der Broschüre.[27] Die Bestätigung an Wagner wird wohl weniger burschikos geklungen haben. Cosima notiert „Hans ist von der Broschüre sehr entzückt."[28] Private Zustimmung gab es vielfach, die vielleicht gewichtigste vom Publizisten Constantin Frantz („Ein rechtes Wort zu rechter Zeit"[29]), als zwangsläufige Folge seiner seit Jahren bekundeten kritischen Einstellung zur Judenemanzipation. Mit besonderer Genugtuung notierte Cosima die Äußerung ihres Luzerner Hausarztes. Der

„erzählt nebenbei, daß er die Judenbroschüre gelesen habe und es ihm sehr angenehm sei zu wissen, welcher der Grund der unaufhörlichen Anfeindungen gewesen sei. Eine Dame aus Zürich habe die Broschüre als Eisenbahnlektüre mitgebracht."[30] Diese Leser hatte Wagner also überzeugt. Kein Wunder, daß Cosima hinzufügte: „Das macht uns Spaß." Aber nicht alle zustimmenden Äußerungen waren willkommen. „Ein ultramontanes Blatt lobt die Judenbroschüre und lobt den jungen König, der ... den Komponisten des Heldengesanges R. Wagner liebt und ehrt." „So ist die Welt",[31] kommentierte Cosima.

Die persönlichen Äußerungen waren nicht nur lobend. Auch privat kamen Proteste und Warnungen. Aus Breslau, wo einige Jahre zuvor das jüdische Publikum Wagner zugejubelt hatte, brachte die Post „im Namen von 7 000 Juden ... Schmähungen und Drohungen" in einem anonymen Brief. Aus Berlin meldete Julius Lang, daß „die Judenschaft ... in großer Gärung" sei. Aus anderen Städten – Münster, Karlsruhe, ja sogar aus Paris – kamen Nachrichten, die darauf hinausliefen, daß „R(ichard) sich und seiner Sache schade". Besonders niederdrückend war die Zusendung der Zeitungen durch den Verleger der Broschüre, deren Inhalt Cosima zusammenfaßte: „Alles schäumt, tobt, verhöhnt." Sie sah ihre Befürchtungen bestätigt, sagte aber nichts: „Gern will ich alles erleiden, nur um an seiner Seite zu stehen."[32]

Wagner selbst versuchte sich zeitweise mit Ironie über die Anfeindungen hinwegzusetzen. Er las irgendwo, „daß er sein Judenbuch geschrieben habe aus Neid auf Mendelssohns Genie und Meyerbeers Erfolge", und er fügte hinzu, „doch nicht auf Hillers Frau, da er den weder um sein Genie noch um seine Erfolge beneiden könnte".[33] Sicher blieb er nicht unbeeindruckt von der sich häufenden Zurückweisung seiner Theorie und Kritik. Als ihn ein „Brief von der Berliner Intendanz" erreichte, fürchtete er, das Schreiben beziehe sich auf seine in der Broschüre geäußerten Verdächtigungen, daß die Berliner Theaterdirektion die Aufführung der „Meistersinger" bei sich oder bei anderen hintertrieben habe.[34] Es kostete ihn Überwindung, den Brief überhaupt aufzumachen. Statt des befürchteten Verweises enthielt der Brief die Mitteilung, daß „Die Meistersinger" sowohl in Berlin als auch in Hannover zur Aufführung kommen sollten.[35]

Diese Episode zeigt, wie schlecht Wagner seine Situation beurteilte. Die Publikation der Broschüre fiel zeitlich mit der Erstaufführung der „Meistersinger" in Dresden und Karlsruhe und den Bemühungen um eine Aufführung in Berlin und Wien zusammen. In Paris war die Aufführung des „Rienzi" in Vorbereitung und in Berlin die des „Lohengrin".[36] Es ist mehr als wahrscheinlich, daß sich die Erwägungen, ob das Erscheinen des Artikels opportun sei, auf diese Erwartungen bezog. Wagner glaubte, mit seiner „Enthüllung" der befürchteten Ablehnung durch die Presse entgegenzuwirken. Was sich ereignete, beweist, daß Wagner einem doppelten Fehlurteil zum Opfer gefallen war. Erstens milderte sich um diese Zeit die anti-Wagnersche Stimmung, und besonders die „Meistersinger" fanden eine begeisterte Aufnahme in Dresden und Karlsruhe, wo die Aufführungen am 21. Januar bzw. 5. Februar stattgefunden hatten, also noch vor dem Erscheinen der Broschüre Anfang März. Die „Rienzi"-Aufführung in Paris erfolgte danach, und der Übersetzer der Oper meinte, „daß dieselbe wahrscheinlich dem Rienzi schaden wird". Wagner und Cosima ihrerseits fürchteten, analog zu früheren Erfahrungen in Paris und unabhängig von der Broschüre, einen wiederholten Mißerfolg und hätten am liebsten die Aufführung verhindert. Zu ihrer Überraschung meldeten Telegramme vom 7. und 9. April den großartigen Erfolg der ersten und zweiten Aufführung. Die Freude darüber wurde getrübt durch die Mitteilung von Wagners Verleger, daß die Judenbroschüre den Erfolg doch beeinträchtige.[37]

Die Nachrichten aus den deutschen Städten wiesen in dieselbe Richtung. Der Erfolg der „Meistersinger" konnte durch das Erscheinen der Broschüre nicht ungeschehen gemacht – die Annahme der Oper in Berlin und Hannover wird damit zusammenhängen – wohl aber durch die Reaktion des jüdischen Theaterpublikums geschmälert werden. Der anonyme Brief aus Breslau, der im Namen der Gesamtjudenheit des Ortes zu sprechen vorgab, mag Übertreibungen enthalten haben. Aus der Luft gegriffen war der Protest nicht. In der Tat sah sich dort die Theaterdirektion gezwungen, „wegen der Broschüre" die geplante Aufführung des „Lohengrin" zu verschieben. Hans von Bülow, der von der Broschüre zuerst so eingenommen war, berichtete „über die weitere Wirkung des Judentums", daß „die reichen Juden in München ... nicht mehr so fleißig die Wagnerschen Opern besuchen".[38]

Die Situation war also völlig anders, als Wagner angenommen hatte. Es stellte sich heraus, daß er gar nicht nach besonderen Mitteln hätte suchen müssen, um den angeblichen Bann gegen ihn zu brechen. Das wurde durch die spontane Reaktion des jubelnden Publikums besorgt, die auch die Zurückhaltung der Fachkritiker schließlich beeinflussen mußte. Andererseits erwies sich das Mittel, mit dem er dem Bann entgegentreten wollte – die Publikation der Judenbroschüre – als ernstes Hindernis auf dem Weg zur Anerkennung. Trotz der großartigen Erfolge machten sich viele seiner Anhänger Sorgen über ihre Wirkung. So telegraphierte Tausig am 7. April, einen Tag nach der Erstaufführung des „Lohengrin" in Berlin: „Kolossaler Erfolg des Lohengrin, alle Juden versöhnt, Dein Dich verehrender Karl."[39] Auch Tausig sah also in der Judenbroschüre eine potentielle Gefahr für die Anerkennung der Wagnerschen Kunst.

Zwar zeigte Wagners Antwort an Tausig, die allem Anschein nach von vornherein für die Öffentlichkeit bestimmt war und in der Tat sehr bald von Julius Lang veröffentlicht wurde, keine Reue über seinen Mißgriff. Immerhin gab Wagner hier wenigstens zu, von Tausigs Mitteilung beeindruckt gewesen zu sein, hielt aber an seiner Diagnose fest, daß die ganze Zeit eine Art Verschwörung gegen ihn am Werke wäre und er die Geschichte dieser „unerhörten Verfolgung" mit beispiellos „objektiver Ruhe" besprochen habe.[40] Er rechnete es sich als Verdienst an, in seinem Pamphlet das Nötige zur Behandlung „unserer wichtigsten Culturangelegenheit" geliefert zu haben und hielt es für die Sache der Juden selbst, die Angelegenheit mutig zu verfolgen. Er hatte das Berliner Telegramm so verstanden, „daß meine Broschüre als eine Übereilung angesehen und als solche mir verziehen wird". Damit sei ihm aber nicht viel gedient. *„Gutmütigkeit habe ich gerade auch von Juden ungemein viel erfahren. Courage soll einer haben, dann will ich mich freuen"* (im Original gesperrt)[41]. In diesem immerhin versöhnlichen Ton versuchte Wagner der fehlgeschlagenen Affäre ein Ende zu setzen. Daß er sie im stillen als einen Fehlschlag beurteilte, geht aus der bereits erwähnten, viel späteren Bemerkung hervor, daß die Publikation des „Judentums" zu den Angelegenheiten gehöre, bei denen er sich auf den warnenden Instinkt seiner Frau hätte verlassen sollen.

Er hatte guten Grund, seinen übereilten Schritt zu bereuen. Die meisten Erwiderungen auf die Judenbroschüre konnte man als Schmähschriften der Gegner oder als sentimentale Ergüsse jüdischer Anhänger abtun.[42] Doch auf Wagners Behauptung, daß die Ablehnung seiner Mu-

121

sik als das Werk jüdischer Rache für seinen Judenartikel von vor zwei Jahrzehnten zu verstehen sei, erklärten die Zuständigen fast einstimmig, nie von der Existenz des Artikels gehört zu haben.[43] Damit war der Entlarvungsthese und gleichzeitig der durch sie gestützten Theorie von der verderblichen Rolle der Juden im modernen Musikbetrieb sozusagen die faktische Grundlage genommen. Den kritischen Gegnern war es also ein leichtes, den Grund der Theorie im Seelenzustand ihres Verfassers zu suchen. Eduard Hanslick konnte den gegen ihn gerichteten Angriff parieren. Nachdem er auf die Verwegenheit der Wagnerschen These hingewiesen hatte, wonach nicht nur sein eigenes Schicksal, sondern auch das von Franz Liszt und Robert Schumann durch seinen unbekannt gebliebenen Judenartikel bestimmt worden sei,[44] stellte er die Diagnose: „Für die Charakteristik Wagners hat es [das Buch] eigentlich nur ein psychiatrisches Interesse. Die maßloseste Selbstvergötterung hat hier einen Gipfel erstiegen, auf dem ein Mensch mit gesunden Gehirnfunktionen nicht mehr zu athmen vermag."[45] Ähnliche Anspielungen auf Wagners Größenwahn wiederholten sich bei anderen Kritikern,[46] die angesichts der offensichtlichen Phantasien Wagners auf die psychologische Deutung des Phänomens gestoßen wurden.

Zu ähnlichen Schlußfolgerungen gelangte auch der Literarhistoriker Julian Schmidt, der die Bedenken Wagners gegenüber dem jüdischen Einfluß auf die Gegenwartskultur für nicht unberechtigt hielt. Als ehemaliger Leipziger konnte Schmidt sich wohl an die Erstveröffentlichung des Aufsatzes erinnern,[47] doch seine Wirkung schätzte er genauso gering wie die anderen Kritiker, die nie davon gehört hatten. Das Ringen Wagners um Anerkennung verstand er als die natürliche Folge des „vandalischen Ansturms gegen die bisher angenommenen Kunstgesetze". Inzwischen habe Wagners Kunst wesentliche Erfolge erzielt, und Wagners Versuch, seine Schwierigkeiten auf die Wirkung des Aufsatzes zurückzuführen, sei „der Ausbruch des Verfolgungswahnsinns, als ob eine allgemeine Judenverschwörung gegen den Ruhm Richard Wagners bestanden hätte". Schmidt definierte seine Diagnose also nicht medizinisch, glaubte vielmehr, es mit einer kulturbedingten Erscheinung zu tun zu haben, die auch bei zwei anderen Zeitgenossen – Karl Gutzkow und Friedrich Hebbel – anzutreffen sei. „Alle drei haben das Gemeinsame, daß sie von ihrer Arbeit nicht so weit ausgefüllt werden, um die sonstigen Regungen des Zeitgeistes unbeachtet zu lassen, daß sie aber nicht im Stande sind sachlich auf dieselben einzugehen, sondern daß sie nur diejenigen Seiten an ihnen aufsuchen, die sie in irgend einer Weise zu ihrem Ich in Beziehung setzen können. Daraus geht dann in einem Gemüth, das ohnehin nicht fest in sich gegründet ist, bald Übermuth, bald pessimistische Verstimmung hervor, bald ist man überzeugt, die Zügel aller Bestrebungen des Zeitalters in seiner Hand zu haben, bald sieht man das ganze Publikum gegen sich verschworen."[48]

Ob Julian Schmidts Charakterisierung auf Gutzkow und Hebbel zutrifft, soll offen bleiben, für Wagner trifft sie genau zu. Das Bewußtsein seiner künstlerischen Überlegenheit übertrug sich auf alle Gebiete, die ihm zugänglich waren. So glaubte er, allgemeingültige Urteile über alle kulturellen, politisch-sozialen und sogar wissenschaftlichen Erscheinungen treffen zu können. Seine Theorie über die Rolle des Judentums in der modernen Welt gehört in diese Rubrik. Um mit Julius Schmidt zu reden: „Das Judentum ist nur eine von den verschiedenen Marotten Wagners."[49] Zur Bekräftigung dieser Behauptung wies Schmidt auf die sich widersprechenden Phasen der weltverbesserischen Schwärmereien des Komponisten, auf den Traum von einer von der demokratischen Volksbewegung getragenen Kunst, dann auf das Gegenteil, auf die harmonische Zusammenarbeit eines idealen Königs mit dem ihm zur Seite stehenden genialen Künstler und – so kann man für die späteren Jahre hinzufügen – auf den Glauben an die Beglückung der Menschheit durch das Verbot der Vivisektion und die universale Verpflichtung zur vegetarischen Ernährung.

So treffend die Beobachtung von Schmidt auch ist, Judengegnerschaft kann nicht als eine von Wagners Marotten abgetan werden. Sie erwies sich keineswegs als vorübergehende Anwandlung, sie blieb vielmehr seit der Veröffentlichung des Judenaufsatzes ein permanenter Zug der Wagnerschen Mentalität. Der Rückzug, den Wagner unter dem Eindruck der Reaktion auf die Veröffentlichung antrat, erwies sich als taktisch. Wagner hatte weder den Glauben an die Judenkonspiration noch die These vom verderblichen Einfluß der Juden auf das deutsche Kulturleben aufgegeben. Neben Protest erreichten ihn auch Stimmen, die ihn in seiner Ansicht bestärkten. Wenn diese zur Zeit der Wiederveröffentlichung eher privat als öffentlich laut wurden, so erlebte Wagner die Wende mit dem Aufkommen der antisemitischen Strömung in der Mitte der siebziger Jahre, als die von ihm vertretene Anschauung mehr und mehr an Boden gewann. Seiner Rolle in dieser Entwicklung und ihrem Einfluß auf seine Einstellung werden wir uns in einem der nächsten Kapitel widmen. Vorher empfiehlt es sich, den Stand der Dinge zu der Zeit zu beschreiben, als der Aufsatz von der Öffentlichkeit noch als durchaus unzeitgemäß empfunden wurde. Die Gegenüberstellung dieser mit der darauffolgenden Phase wird die extreme Dialektik der Entwicklung vor Augen führen.

1 Hans von Bülow, *Briefe,* Leipzig 1936, Bd III, S. 110 f.

2 *Judentum,* S. 7.

3 Ebenda, S. 42.

4 Ebenda, S. 38.

5 Ebenda, S. 37. Eduard Hanslick schrieb das Buch *Vom Musi-kalisch-Schönen.*

6 Ebenda, S. 37. Hanslick bezeichnete in seiner Erwiderung die Behauptung, er sei Jude, als „eine Unwahrheit" (*Wilhelm Lübke und Eduard Hanslick über Richard Wagner,* Berlin 1864, S. 21). Wagner (*Tagebücher* Bd I, S. 251) glaubte aber zu wissen, daß seine Mutter Jüdin war, und das genügte. Das *Jüdische Lexikon* bestätigt Wagners Behauptung.

7 *Judentum,* S. 37. Bei Professor Vischer handelt es sich um Friedrich Theodor Fischer, u. a. Verfasser von *Ästhetik oder Wissenschaft des Schönen,* Reutlingen 1846–57.

8 Ebenda, S. 36. Diese Tatsache wird von Martin Gregor-Dellin (*Richard Wagner, Sein Leben, Sein Werk, Sein Jahrhundert,* München 1980, S. 875) in Abrede gestellt.

9 *Judentum,* ebenda.

10 Ebenda, S. 40.

11 Ebenda, S. 55 f.

12 Ebenda, S. 39.

13 Ebenda, S. 43.

14 Siehe Kap. IX, Anm. 45.

15 Leo Brod, „Richard Wagners jüdische Propagandisten", *Nordbayrischer Kurier, Festspielnachrichten, Parsifal,* 1976.

16 *Judentum,* S. 8.

17 Ebenda, S. 57.

18 Wendelin Weissheimer, *Erlebnisse mit Richard Wagner, Franz Liszt und vielen anderen Zeitgenossen,* Stuttgart u. Leipzig 1898, S. 318.

19 Richard Wagner, *Briefe an Hans von Bülow,* Jena 1916, S. 270.

20 Julius Lang, *Zur Versöhnung des Judentums mit Richard Wagner,* Berlin 1869, S. 3.

21 Ebenda, S. 9.

22 *Tagebücher* Bd I, S. 29, 698.

23 Ebenda, S. 151.

24 Ebenda, S. 394. Gerüchte darüber, daß er die Broschüre unterschlagen wollte, waren Ottomar Beta zu Ohren gekommen; siehe Betas Brief an Wagner, *Bayreuther Blätter,* 1908, S. 262. Das Nachwort wurde später auch noch gedruckt.

25 Richard Wagner, *Gesammelte Schriften und Dichtungen*, Leipzig 1873, Bd 8, S. 299–323.

26 Siehe Anm. 21.

27 Hans von Bülow, *Briefe und Schriften* Bd IV, 1900, S. 275.

28 *Tagebücher* Bd I, S. 64.

29 Ebenda, S. 86 f.

30 Ebenda, S. 75.

31 Ebenda, S. 81.

32 Die Belege ebenda S. 70, 72, 76 f., 80; siehe auch S. 129 f.

33 Ebenda, S. 78.

34 *Judentum*, S. 45.

35 *Tagebücher* Bd I, S. 80.

36 Die Daten der Aufführung siehe *Tagebücher* Bd I, Anm. S. 1108.

37 Belege siehe ebenda, S. 32, 35, 49, 80–83.

38 Ebenda, S. 77.

39 Ebenda, S. 82.

40 Julius Lang (Anm. 20), S. 3.

41 Ebenda.

42 So in *Tagebücher* Bd I, S. 71, 73 f., 77.

43 So Hanslick (Anm. 5), S. 17; H. Ehrlich, „Recension", *Neue Berliner Musikzeitung*, 17. März 1869, S. 85; *Allgemeine Zeitung des Judentums*, 30. März 1869, S. 245; A. F., „Fanatismus eines Musikers", *Deutsche Blätter, Beilage der Gartenlaube*, Nr. 11 1869, S. 43.

44 Siehe im Nachwort zu *Judentum*, S. 39 f., 51 f.

45 Hanslick (Anm. 5), S. 24.

46 *Allgemeine Zeitung des Judentums*, 23. März 1869, S. 244; „Fanatismus eines Musikers" (Anm. 43); *Richard Wagner und das Judentum ... von einem Unparteiischen*, Elberfeld 1869, S. 4.

47 Julian Schmidt, *Bilder aus dem Geistigen Leben*, Leipzig 1871, S. 416. Der hier abgedruckte Artikel ist vom 25. März 1869. Schmidt hatte sich seinerzeit zum „Judentum in der Musik" in dem von ihm mitredigierten *Grenzboten* (9. Jahrgang, II. Semester, II. Band, S. 106 f.) geäußert.

48 Ebenda, S. 416–420.

49 Ebenda, S. 420.

Siebentes Kapitel

Der Wagner-Streit als Spiegelbild der Assimilationsillusion

Das Jahr der Wiederveröffentlichung von Wagners Judenbroschüre und die darauf folgende öffentliche Kontroverse ist auch das Datum der formellen Emanzipation der meisten deutschen Juden. Die Verfassung des Norddeutschen Bundes vom 3. Juli 1869, die nach zwei Jahren zum Reichsgesetz erhoben wurde, bestimmte die Loslösung der bürgerlichen, politischen und anderen Rechte vom religiösen Bekenntnis.[1] Noch vor der Veröffentlichung des Bundesgesetzes war der Beschluß darüber bekannt. Der Staatsrechtler Robert von Mohl erklärte in seinem am Anfang 1869 erschienenen „Völkerrecht und Politik" zwar die Judenemanzipation für einen Fehlgriff und für das Produkt politischer Kurzsichtigkeit, behandelte sie jedoch als ein Fait accompli, an dem unter den gegebenen Umständen nicht zu rütteln sei.[2] Die deutsche Judenheit schien am Ziel ihrer politischen Ambitionen, der Anerkennung ihrer staatsbürgerlichen Gleichberechtigung, angelangt zu sein. Das Gewicht dieser Errungenschaft wurde noch dadurch erhöht, daß sie ohne Widerstand, ja ohne Aufmerksamkeit der Öffentlichkeit zustande gekommen war. Die einzigen Bedenken gegen die nun zum Abschluß gekommene Eingliederung der Juden in das Staatsgefüge wurden – im Tonfall der Resignation – im gelehrten Traktat Robert von Mohls geäußert. Dies stand im krassen Gegensatz zu früheren Phasen des Kampfes um die Emanzipation, die, beginnend mit den Reformvorschlägen Christian Wilhelm von Dohms zur Zeit Moses Mendelssohns, alle von Kontroversen in der Presse und von Streitschriften begleitet waren.[3] Das Stillschweigen der Öffentlichkeit mochte mit der Tatsache zusammenhängen, daß es sich nicht um eine speziell die „Judenfrage" betreffende Gesetzgebung handelte. Die Gleichberechtigung der Juden ergab sich aus der Selbsterkenntnis des Staates als eine von den Kirchen unabhängige, säkuläre Institution. Vom jüdischen Standpunkt aus mußte gerade die Verankerung der Emanzipation in den allgemeinen Grundsätzen des Staates Genugtuung geben. Es fehlte auch nicht an Äußerungen der Zufriedenheit. Isidor Kaim, der das Ereignis zum Anlaß nahm, die Geschichte des hundertjährigen Kampfes um die Emanzipation zu resümieren, erklärte am Anfang seiner Schrift: „Es gibt in der That keine Judenfrage mehr."[4]

Wie illusorisch diese Feststellung war, mußten die Zeitgenossen selbst bald einsehen. Kaum ein halbes Jahrzehnt später wurde die versäumte öffentliche Debatte über die Emanzipation gründlich nachgeholt. 1875 begann eine anti-jüdische Pressekampagne, die vier Jahre später in die Stökersche antisemitische Bewegung mündete.[5] Zwischen dem Emanzipationsgesetz und der öffentlichen Debatte lag der Anfang der Wirtschaftskrise, beginnend mit dem Börsenkrach von 1873. Der Zusammenbruch der Scheinprosperität der Gründungsjahre nach dem Deutsch-Französischen Krieg schuf eine Atmosphäre der Bedrückung, die zu politischen Verschiebungen – dem Abrücken von Liberalismus – und zu sozialen Spannungen – dem Aufkommen der Arbeiterbewegung – führte. Eines der markantesten Zeichen der sozialen Gereiztheit war die Bewußtwerdung der Gegensätze zwischen den schon immer dazugehörenden und den erst kürzlich dazugekommenen Staatsbürgern, den Juden, die trotz fortgeschrittener kultureller Anpassung aufgrund ihrer beruflichen, familiären und konfessionellen Konzentrierung eine Sondergruppe darstellten und als solche empfunden wurden.

In der landläufigen historischen Darstellung der Vorgänge dieser Zeit wird oft das Aufkommen der anti-jüdischen Stimmung als ein bloßes Beiwerk der politischen
Verschiebungen verstanden und gedeutet, als ob die anti-
jüdische Bewegung als eine Art Ersatzentladung gewirkt
und keine Nahrung aus dem realen Spannungsfeld zwischen Juden und Nichtjuden erhalten habe. Es ist hier
nicht der Ort, die ideologische Triebfeder dieser Deu-
tungsweise zu untersuchen. Sie entstammte wohl der
apologetischen, anti-antisemitischen Einstellung, die aus
Angst, auf anti-jüdische Argumente einzugehen, die Ursache des Antisemitismus ausschließlich in den außerjü-
dischen Bereich verlegte.[6] In Wirklichkeit geben die antisemitischen Vorwürfe nach Säuberung von oft krankhaf-
ten Übertreibungen und Verdrehungen Auskunft über
die Belastung der Beziehungen, die trotz formeller
Emanzipation – oder in gewissem Sinn gerade durch die
Emanzipation – andauerte. Bei genauer Beobachtung
stellt es sich heraus, daß Symptome der Belastung auch
in der Zeit vorhanden waren, die noch nicht im Zeichen
des Antisemitismus stand, d. h. als die Judenkritiker
noch nicht auf die Revision der Emanzipation hinstreb-
ten, sondern im Gegenteil auf die völlige Absorbierung
der Juden zu hoffen vorgaben.[7] Die Spannung zwischen
ihnen und den Juden ergab sich aus der Tatsache, daß die
soziale Wirklichkeit der jüdischen Minorität weit davon
entfernt war, dieser Hoffnung zu entsprechen. Diese
Diskrepanz zwischen der Erwartung und der Wirklichkeit brachte dann zur Zeit der wirtschaftlichen und politischen Krise der siebziger Jahre den Umschlag in die
Gegenrichtung, nämlich die Forderung nach Zurücknah-
me der Emanzipation.[8] Der Wagner-Streit, der in die
Endzeit der ersten Phase der Entwicklung fällt, bietet
uns Gelegenheit, dieser vor-antisemitischen Kritik an Juden und Judentum und der jüdischen Reaktion darauf

nachzugehen. Diese Untersuchung dürfte sich für das Verständnis der folgenden, folgenschweren Wende im Schicksal der Juden als aufschlußreich erweisen.

Die Kritik an Juden und Judentum vor und nach dem Aufkommen des Antisemitismus nahm, wie gesagt, Bezug auf die Diskrepanz zwischen den Erwartungen, die an die Emanzipation geknüpft waren, und ihren realen Folgen. Einen Zwiespalt gab es offenbar auch zwischen der rechtlichen Stellung, die die Judenheit nach der Emanzipation einnahm, und ihrer sozialen Wirklichkeit. Dem Gesetz nach waren die Juden Angehörige einer vom Staat anerkannten Religion, ihre Gemeinden und deren Zusammenschlüsse genossen den christlichen Kirchen ähnliche, wenn auch nicht identische Rechte. Die emanzipatorische Gesetzgebung setzte dem jahrtausendelangen Status der Juden in den christlichen Ländern ein Ende. Vorher galten sie als eine tolerierte, religiös wie volkstümlich fremde Körperschaft mit Sonderrechten, die ihre national-religiöse Sonderexistenz gegenüber ihrer Umwelt unzweifelhaft fixierten.[9] Trotz der scharfen Abgrenzung der beiden Lebensbereiche war der Übergang von einem in den anderen mittels des Religionswechsels durchaus möglich. Der Übertritt von Christen zum Judentum wurde von kirchlichen wie weltlichen Instanzen behindert, der umgekehrte Weg dagegen unterstützt und gefördert. Hatte einmal der Übertritt in die andere Religions- und Volksgemeinschaft stattgefunden – des Christen in die jüdische selten, des Juden in die christliche recht oft – so war das Ablösen von der Ursprungsgemeinde und das Aufgehen in die Wahlgemeinschaft eindeutig und radikal.[10]

Mit dem Anbruch der Emanzipation lockerte sich der Gegensatz zwischen dem jüdischen und nicht jüdischen Lebensbezirk. Zwar blieb die jüdische Gesellschaft auch noch nach generationslanger kultureller Anpassung an

ihre Umgebung eine durch Familienbindung und Berufs-
wahl bestimmte Sondergruppe, doch hatte die Abgrenzung gegenüber der Umwelt ihre Schärfe verloren. Kulturelle Gemeinsamkeit und gelegentliche Berührung
schafften eine gemeinsame Basis für die jüdische Minorität und die nicht-jüdische Majorität.[11] Bei diesem Stand
der Dinge war der Religionswechsel kein Sprung über
den Abgrund. Vielen Juden, besonders in den höheren
gesellschaftlichen, intellektuellen und künstlerischen
Kreisen, erschien der Übertritt zum Christentum die
Vollendung ihrer Anpassung an die herrschende Kultur,
an deren Gestaltung sie beteiligt waren.[12]

Die Erleichterung des Übertritts hatte aber ihre Kehr-
seite. Während der Entschluß zum Übertritt leichter fiel,
waren seine Folgen weniger entscheidend. Der Übertritt
zum Christentum sicherte dem Konvertierten nicht die
radikale Verpflanzung in die christliche Gesellschaft. Der
Akt der Taufe, der ja sehr oft ohne ein religiöses Erlebnis
vollzogen wurde, verlor seine verwandelnde Kraft und
büßte gleichzeitig seine gesellschaftliche Wirkung ein.
Der Getaufte wurde größtenteils von Juden wie von
Nichtjuden weiterhin als Jude angesehen. Auch wenn die
staatlichen Behörden die gegenüber den Juden aufrecht-
erhaltenen Beschränkungen, wie Beförderung zum Offi-
zier oder Ernennung zum Ordinarius an einer Universität, gegenüber den Konvertiten fallen ließen, blieb die öffentliche Meinung davon ebenso wenig beeinflußt wie
von den Erklärungen der jüdischen Instanzen – den Rab-
binern und Gemeindeführern –, mit den Getauften
nichts mehr gemein zu haben.[13] Die spontane Reaktion
beider Gemeinschaften widersprach der offiziellen Haltung, ein Umstand, der uns durch den Wagner-Streit lebendig vor Augen geführt wird.

Wagner selbst stützte sich in seiner Theorie über das
Judentum in der Musik auf das Beispiel des Getauften

Mendelssohn ebenso wie auf das des ungetauften Meyerbeer. Für das parallele Phänomen im literarischen Leben und in der Publizistik standen ihm die Getauften Heine und Börne zur Verfügung. Bei der Wiederveröffentlichung dienten die Getauften Hiller und Joachim als Zielscheibe der Verdächtigung, genauso wie der stolze Jude Auerbach und der angebliche Halbjude Hanslick. Alle diese, und die gesamte Judenheit, waren laut Wagner an der Verschwörung gegen ihn beteiligt. Um die anti-Wagnerische Einstellung von Nichtjuden zu erklären, wurde von „übertölpelten Christen" gesprochen.[14] Der jüdische Geist konnte sich eben auch bei Christen einnisten und wurde auf jeden Fall durch das Taufwasser nicht ausgetrieben.

Charakteristisch ist nun, daß dieser Verwischung der Grenzen auch von den Wagner-Gegnern nichts entgegengesetzt wurde. Diese widersprachen der Wagnerschen These, kritisierten sie und zogen sie ins Lächerliche. Keinem Kritiker war jedoch eingefallen, sie durch den Hinweis zu entkräften, daß es sich bei den von Wagner angegriffenen Menschen oft, wenn nicht meistens, nicht um Juden, sondern um bekehrte Christen handelte.

Auf der ideologischen Ebene, d. h. als zielbewußte Selbstbehauptung, hielten hier und da die jüdischen Teilnehmer in der Diskussion an der konfessionellen Begriffsbestimmung des Judentums fest. Emil Breslauer klagte über Richard Wagners Übermut, der ihn „rücksichtslose Schmähungen ... gegen eine ganze Religionsgesellschaft schleudern läßt".[15] E. Liéser gab offenbar dem Wunsch der meisten Juden Ausdruck, als er schrieb: „Wir wollen nichts mehr und nichts weniger sein als alle anderen Bürger im Staate, von denen uns nur das Glaubensbekenntnis trennt."[16] Auch andere Diskussionsteilnehmer beklagten die Anfechtung der Grundsätze, auf denen sie die jüdische Existenz im deutschen Lebensraum ruhen sahen. „Ist der Jude nicht ein Mensch und als Mensch gleich anderen Menschen, im Ebenbild Gottes erschaffen?"[17] schrieb Joseph Engel und berief sich damit auf die Idee der Humanität, die der Judenemanzipation als Voraussetzung diente. Ähnlich klagte Breslauer über den Rückschritt Wagners in finstere Zeiten, als „ernsthaft darüber debattiert wurde, ob die Juden denn überhaupt zu den Menschen gerechnet werden dürften".[18] Die Apologeten gaben zu, daß bei der Masse der Juden Charakterzüge vorhanden seien, die sie von ihrer Umgebung unterschieden. Diese Unterschiede verdankten jedoch ihre Existenz „nicht ihrem Blut, nicht ihrer Rasse", sondern ihrer religiös bedingten Absonderung und ihrer jahrtausendelangen Unterdrückung, wie überhaupt nach Liésers Ansicht alle „nationalen Eigentümlichkeiten der Völker" auf den Einfluß äußerer Verhältnisse zurückzuführen seien.[19] Gleichzeitig wurde damit von allen unterstellt, daß bei konsequenter Durchführung der staatlichen Emanzipation und gesellschaftlichen Amalgamation diese jüdischen Charakterzüge verschwinden würden.[20] Was alle schockierte, war die Erkenntnis, daß Wagner und die Verteidiger seiner Thesen auf die angestammte Sonderheit der Juden pochten und damit ihren Protest gegen die jüdische Teilnahme an der deutschen Kultur begründeten.

Dies war in der Tat der Fall. Ein sich „unparteiisch" nennender Kritiker Wagners sprach in „Richard Wagner und das Judentum" von einer „religiös-nationalen Genossenschaft",[21] gegen die Wagner seine Angriffe gerichtet habe. Zwar distanzierte sich der Autor von Wagner und meinte, daß die Theorie der Judenverschwörung Wagners „Verblendung und Selbstvergötterung" entsprungen sei, stimmte aber in der Beurteilung der verhängnisvollen Rolle der Juden im Kunstleben der Völker mit ihm überein. „Gerade das Kunstwerk ist wie kein anderes Erzeugnis ein Produkt der gesamten, eigentlichsten Individualität und trägt mit unerbittlicher Notwendigkeit deren geistige Signatur. Eines Juden Kind wird immer ein Jude sein, eines künstlerischen Juden Produkt wird ... einen jüdischen Charakter haben." Dann versuchte der Verfasser die negativen Züge – „Mangel an tiefer, herzdurchglühter Leidenschaft" usw. – in den Werken Mendelssohns und Meyerbeers aufzuweisen. Begabung und Kreativität könne man den jüdischen Künstlern nicht absprechen, „wo aber tiefes, lauteres Gefühl, wahre Leidenschaft und Wärme, *ethische* Tiefe erforderlich ist, um *großen* Formen den Stempel der Classizität zu verleihen, da wird nur der germanische Stamm mit seinem besten Erbtheil, das er von der Natur empfangen, wahrhaft förderlich schaffen können, wie er bereits das Höchste geschaffen hat".[22] Hier wird also die jüdische Minderwertigkeit gegenüber dem Deutschen eindeutig auf Abstammungsfaktoren zurückgeführt. Der Übertritt zum Christentum, wie das Schulbeispiel Mendelssohn zeigt, änderte daran nichts.

Ähnliche Ansichten – Verurteilung der Wagnerschen Selbstvergötterung bei gleichzeitiger Annahme seiner Kritik am Judentum – vertrat auch der bereits erwähnte Julian Schmidt.[23] Das Thema des Wagnerschen Aufsatzes dürfe nicht ohne weiteres verworfen werden.[24] Als Literarhistoriker zieht er es vor, das Problem am Beispiel der jüdischen Schriftsteller zu exemplifizieren. Schmidt hebt den „kolossalen Prozentsatz [hervor], den die jüdischen Literaten den nichtjüdischen gegenüber einnehmen. Es wird zu untersuchen sein, welche Voraussetzungen der deutschen Literatur dazu gehörten, dieses Verhältnis zu ermöglichen, welche Eigentümlichkeiten des jüdischen Geistes gerade unter diesen Umständen in Wirksamkeit gesetzt wurden, und was für einen Einfluß

auf die deutsche Literatur sie ausübten." Schmidt führt
Heine, Börne und Berthold Auerbach auf, „alle drei ...
Schriftsteller von großer Bedeutung, und wie himmel-
weit sie auf den ersten Anblick von einander abzuwei-
chen scheinen, so gibt es doch einen Punkt, in dem sie
verwandt sind".[25] Worin sich diese Verwandtschaft lite-
rarisch dokumentierte, wird nicht gesagt. Es ist zu bezweifeln, ob Schmidt mit dieser Aussage eine konkrete
Vorstellung verband. Es genügte zu wissen, daß die drei
Genannten Juden waren, um ihnen eine gemeinsame
Geistesrichtung zu unterstellen. Daß unter den dreien
nur einer – Auerbach – der jüdischen Religionsgemein-
schaft angehörte, während Heine und Börne längst getauft waren, änderte für ihn nichts daran, daß sie glei-
chermaßen Träger „des jüdischen Geistes" geblieben waren.

Ob Wagners Urteile über einzelne Haßobjekte von
seinen Mitstreitern geteilt wurden oder nicht, an seiner
Auffassung vom Phänomen des Jüdischen als einem dem
Deutschen wesenhaft fremden Element hielten sie alle
fest. Max Fuchs versuchte, die Wagnersche Kritik am Judentum zu mildern und behauptete, Wagner verstehe
„unter Judenthum ... lediglich nur die Geldherrschaft
unbekümmert um Confession".[26] Da die Juden die Geldherrschaft hätten, müsse man ihnen vorwerfen, daß sie
ihren Reichtum nicht „nutzbringend für die Kunst" verwenden. Kein Wunder, denn abgesehen von „erfreuli-
chen Ausnahmen", habe der Jude „nur Sinn für das Er-
werben, Vermehren und Zusammenhalten seiner
Macht". Die jüdische Geld- und Machtsucht sei jedoch
nur eine der Eigenheiten, die die Juden von ihrer Umgebung trennten. Als Angehörige verschiedener Stämme
herrsche zwischen Deutschen und Juden eine unüber-
windbare Abneigung. „Sie sind in ihren Grundzügen so
verschieden, daß eine Vereinigung derselben nie denkbar

135

war und auch nie geschehen wird."[27] Die Absicht des Autors, die Kritik Wagners an den Juden abzuschwächen, mündete also am Ende in die völligen Verneinung der Möglichkeit einer „Vereinigung" von Juden und Deutschen – eine Möglichkeit, die von Wagner und seinen Verteidigern zumindest theoretisch offengehalten wurde.

Führend unter den Anwälten Wagners war Julius Lang, dessen bewußt apologetischer Vorsatz im Titel seines Pamphlets „Zur Versöhnung des Judentums mit Richard Wagner" angekündigt wurde. Lang, der zum engeren Kreis der Wagnerianer in Berlin gehörte und mit dem Meister selbst befreundet war – er nannte sich einen „langjährigen treuen Freund Richard Wagners und begeisterten Verehrer seiner Kunst"[28] – standen Quellen zur Verfügung, unter anderem der versöhnliche Brief Wagners an Tausig, auf die er sich in seiner Vermittlerrolle berufen zu können glaubte.[29] In der Tat ist sein Traktat nichts anderes als eine Erläuterung von Wagners Grundthese und eine Korrektur einzelner Punkte, besonders hinsichtlich der Entwicklung in der Zukunft, in der es den Juden gelingen sollte, in „unsere bürgerliche Gemeinschaft ein[zu]treten – aber völlig, ganz, rückhaltlos und ohne Hintergedanken".[30] Obwohl praktizierender Katholik, machte Lang die Verschmelzung der Juden mit ihrer Umgebung nicht von der Taufe abhängig und schrieb in bezug auf die Vergangenheit: „Es war weniger das religiöse als das nationale Element, welches eine Annäherung zwischen Christ und Jud in Deutschland erschwerte."[31] Wolle man diese in der Zukunft ermöglichen, so müßten jüdischerseits alle nationalen Züge ausgemerzt werden: „Die Familie, die einen Sohn adoptiert, kann mit Fug verlangen, daß dieser in ihr ganz und gar aufgeht, völlig eins mit ihr wird."[32]

Erhielt hier Wagners Hinweis auf die theoretische

Verwandlungsfähigkeit der Juden eine konkrete Fassung, so erfüllte sie doch nur die Funktion, einen quasi gangbaren Ausweg aus der Situation aufzuweisen. Lang zitierte einen Ausspruch Heinrich Laubes: „Es gebe in der Lösung der Judenfrage nur zwei Mittel, entweder man müsse die Juden völlig vernichten oder gänzlich emanzipieren. Da Ersteres nicht möglich sei, empfehle sich das Letztere." Laube selbst wird wohl mit dem Begriff der Emanzipation nicht bloß die gesetzliche Gleichberechtigung gemeint haben. Lang setzte fort, daß trotz Emanzipation das Judentum eine „ahasverische Erscheinung" geblieben sei, „das bis jetzt wenigstens nicht leben und nicht sterben kann, nicht aussterben als ein fremdartiger, uns in vieler Beziehung antipodischer Stamm, nicht leben als uns geistes- und gesinnungsverwandte, mit uns gleichdenkende und gleichfühlende Staatsbürger".[33]

Lang berief sich auf seine eigene Erfahrung sogar mit getauften Juden – „allerdings sogenannten Zwangsgetauften", die für ihre Karriere ihre Religion wechselten, und von denen es in seiner früheren Heimat in Österreich viele gegeben habe. Bei allem Eifer der Anpassung hätten diese nicht „die zwar zurückgedämmte Abneigung gegen unsere auf dem Christentum und seiner Entwicklung beruhende Cultur und den hieraus gebildeten modernen Staat gänzlich verwinden können". Wie hätte ihnen das auch gelingen sollen, wo doch die Geschichte, wie etwa der befreiende Akt der Reformation durch Luther, der Erlebnishintergrund für die moderne Welt, für sie aufgrund der Feindschaft Luthers und seiner Nachfolger gegen die Juden eher einen negativen Akzent trage. Ebenso sei den modernen Juden der erlebnishafte Zugang zu der von christlichen Motiven geprägten bildenden Kunst verschlossen. Ihre Annäherung an die Kunst sei eine intellektuelle, wenn nicht gar gekünstelte.[34]

Die Juden der Gegenwart standen also in Langs wie in

Wagners Darstellung außerhalb der deutschen Kulturgemeinschaft. Lang milderte Wagners Urteil nur in bezug auf die dichterische Leistung der Juden und ihr Darstellungstalent, in deren Ablehnung Wagner angesichts des Phänomens Heine, Börne, Auerbach, der französischen Jüdin Rachel und des deutsch-jüdischen Schauspielers Ludwig Dessoir zu weit gegangen sei. Lang schwankt zwischen seinen eigenen Beobachtungen und dem von Wagner übernommenen Stereotyp. Wagners Behauptung, daß „der Jude die modernen europäischen Sprachen nur wie erlernte, aber nicht als angeborene Sprachen redet", erklärt Lang für „vollkommen wahr", um dann zwei Seiten weiter zu bezeugen, daß er die „grellen Schattenseiten der jüdisch-deutschen Ausdrucksweise [bei gebildeten Juden] nur in den allerseltensten Fällen bemerkt habe".[35]

Das stereotype Vorurteil beherrscht auch das Pamphlet Langs, obwohl er sich auf seine Vorurteilslosigkeit beruft, die er durch seinen freundschaftlichen Verkehr mit jüdischen Klassenkameraden im österreichischen Gymnasium erworben zu haben vorgibt. Er habe „reichlich Gelegenheit [gehabt], die Vorzüge und Schwächen dieser Nation kennenzulernen". Unter neun Juden seien fünf „besondere Lieblinge der geistlichen Professoren aus dem hochgebildeten Benediktiner-Orden" gewesen, und die jüdischen Kollegen im allgemeinen hätten „als Muster der Tüchtigkeit, des Fleißes und der Bescheidenheit" gegolten. Und nun folgt der überraschende Satz: „Nur in einem einzigen meiner damaligen Collegen ... traten all die Schattenseiten und Gebrechen des Stammes zu Tage."[36] Dieses naive Bekenntnis, in dem Lang den Ausnahmefall als typisch für die Gesamtheit der Juden hinstellt, zeigt die tiefe Verwurzelung seines negativen Judenbildes.

Für unsere Untersuchung ist es von Bedeutung, daß

sogar bei einem Autor, der sich als einer „der Katholiken, die mit ihrer Kirche nicht gebrochen haben und sich offen und ungeniert zu den Dogmen derselben bekennen" vorstellt,[37] das Judenbild nicht aus dem Kontrast der Religionen entsteht, sondern am Wesen des jüdischen Stammes haftet. Zwar sah Lang die angebliche Verständnislosigkeit des Juden für die moderne Kultur in seiner Fremdheit gegenüber der christlichen Welt begründet, die gegenwärtige Kluft zwischen Juden und Christen lag aber seines Erachtens nicht mehr in der „confessionellen Verschiedenheit", sondern in den stammeseigentümlichen Differenzen, im fortdauernden „Kampf zwischen jüdisch-orientalischem und christlich-germanischem Element".[38] So ist ihre Überwindung in der Zukunft nicht mehr an die religiöse Bekehrung gebunden, sondern an eine auch von Wagner postulierte, im Grunde undefinierbare Wesensverwandlung.

Der Wagner-Streit gab denen, die an der jüdischen Problematik interessiert waren, Gelegenheit, eine Art Bestandsaufnahme der bisherigen Entwicklung zu machen. Gustav Freytag, der berühmte Romanschriftsteller und liberale Publizist, war nicht unbeteiligt an der Fixierung des negativen Judenbildes, wie es in den Gestalten des vielgelesenen Romans der fünfziger Jahre, „Soll und Haben", dargestellt wurde.[39] 1869 jedoch fand er „einen Angriff auf das jüdische Wesen unter uns nach keiner Richtung für zeitgemäß, nicht in Politik, nicht in Gesellschaft, nicht in Wissenschaft und Kunst".[40] Juden hätten den Prozeß der Anpassung an das erwünschte Vorbild der Zukunft, das ehrbare Bürgertum, erfolgreich vorwärtsgetrieben. „Auf allen diesen Gebieten sind unsere Mitbürger israelischen Glaubens werthe Bundesgenossen nach guten Zielen." Es seien „nur noch die letzten Überreste alter Tradition und Intoleranz zu überwinden ... um die Herzen und Geister der deutschen Juden völlig in unser Volksthum einzuschließen". Freytag versuchte die noch störenden jüdischen Eigenschaften zu charakterisieren: „übergroße Freude am Wortwitz und sophistische Beweisführung", Unzulänglichkeit im „Ausdruck inniger und schöngewogener Empfindung in Worten und Tönen", Mangel an „echter Fröhlichkeit und des befreienden Humors". Freytag warnte aber davor, „dies besondere als jüdische Art gegenüber der germanischen zu fassen". Die jüdischen Züge ließen sich auf die unsichere politische und soziale Existenz zurückführen und würden mit der Änderung der Verhältnisse verschwinden. Die Gegenwart sei als eine Übergangszeit anzusehen, in der „Schwächen und Verkehrtheiten ... gelegentlich einmal ... als jüdische Eigentümlichkeiten besprochen werden"[41], und man solle solche Angriffe nicht zu sehr zu Herzen nehmen. Freytag war zweifellos der Meinung, daß sie im Interesse des stillen Annäherungsprozesses besser unterblieben wären.

Freytags Analyse kam einer Erklärung gleich, daß von nichtjüdischer Seite kein ernster Vorbehalt gegen eine völlige Einverleibung der jüdischen Minorität in das gesellschaftliche Gefüge bestehe. Das war auch die Erwartung der jüdischen Ideologien der Emanzipation. Der Wagner-Streit hatte dieser optimistischen Auffassung jedoch einen schweren Schlag versetzt. Die jüdischen Teilnehmer an der Diskussion sahen sich Gegnern gegenüber, die, wenn sie auch die Kluft zwischen Juden und Nichtjuden nicht für unüberbrückbar hielten, aus ihren Bedenken und ihrer Abneigung kein Hehl machten. Die jüdischen Apologeten konnten nicht umhin, auf die Ansichten der Gegner einzugehen und dabei die eigene Auffassung von der lediglich religiös bedingten Sonderheit der Juden mehr oder weniger bewußt preiszugeben.

M. Gutmann stellte fest, daß Wagners eigentliches Motiv für das Pamphlet das Bedürfnis war, mit seinen

Rivalen Mendelssohn und Meyerbeer abzurechnen, wobei ihm „seine persönliche Abneigung gegen alles jüdische Wesen trefflich zu statten kommt".[42] „Das christlich-germanische Naturell dieses Mannes schreckt zurück vor einer Assimilation mit den Juden."[43] Die Haltung der „christlich-germanischen" Kreise der Restaurationszeit sei ja sattsam bekannt. Daß Wagner früher als Demokrat zu ihren Gegnern zählte, sich aber jetzt zu ihnen geschlagen habe, stempele ihn zum „Renegaten" und mache ihn zur Zielscheibe des Spotts und der Verachtung der angegriffenen Juden. Diese würden ihr Heil jedenfalls nicht von denen erwarten, die Wagners Ansichten teilen. So sei die Aufforderung an die Juden am Schluß vom „Judentum in der Musik", durch Wesensverwandlung à la Börne ihre Erlösung zu suchen, „Glanzpunkt des Meisterwerks", nämlich als Ausdruck der Doppelzüngigkeit zu werten. Juden sollten gleichzeitig erlöst werden und untergehen. „Unter so verlockenden Aussichten dürfte sich schwerlich ein Sohn Jakobs zur Teilnahme bewegen lassen."[44]

„Nicht der Haß des Christen gegen den Juden ist es, sondern die Abneigung des indo-germanischen Stammes gegen den semitischen",[45] schrieb beispielsweise Edmund Friedmann. Die Abneigung des einfachen Volkes war einer der Pfeiler der Wagnerschen Theorie, und hier wird sie von einem seiner schärfsten Kritiker als Tatsache akzeptiert. Auch Emil Breslauer nahm die Behauptung Wagners hin, warf ihm aber vor, sich nicht wie sonst gegen die vorherrschenden Meinungen aufgelehnt, sondern sich im Fall der Juden von der Vox populi bestimmt haben zu lassen.[46] Der einzige, der die Tatsache der volkstümlichen Abneigung gegen die Juden leugnete, war Joseph Engel: Diese sei „heute nicht mehr oder doch nur in äußerst seltenen Fällen" zu finden, bei Wagner und seinen Mitläufern „daher nur subjektiver Natur".[47]

Die bis jetzt genannten Autoren waren freie Schriftsteller, die ihre persönlichen Ansichten darlegten. Der Verzicht auf konfessionelle Differenzierung zwischen Juden und Nichtjuden ist jedoch auch bei den quasi offiziellen Vertretern der zwei religiösen Richtungen des Judentums, der Orthodoxie und der Reform, sichtbar. Die orthodoxe Zeitschrift „Der Israelit" schrieb halb ironisch, Wagners Behauptung, „daß Juden und Judentum einen nie geahnten, ungeheuren, unwiderstehlichen Einfluß auf jede Branche des menschlichen Wissens und Könnens" ausgeübt haben, könne nur bestätigen, daß der „Menschenstamm" der Juden eine Sonderstellung im menschlichen Universum einnehme.[48] Daß sich unter denen, die nach Wagners Ansicht an der „Verjudung" schuld waren, viele befanden, die dem Judentum untreu geworden waren, störte anscheinend den orthodoxen Korrespondenten nicht. Unwillkürlich war man eben in dieser Polemik ins Fahrwasser des an der Abstammung und nicht an der Religion orientierten Denkens geraten.

Das Organ des liberalen Judentums, die „Allgemeine Zeitung des Judenthums", vom Rabbiner Dr. Ludwig Philippson herausgegeben, der zweifellos auch die Artikel über Wagner verfaßte, ging bewußt auf die Begriffswelt des Gegners ein und fragte: „Was muß dies für eine germanische und für eine lateinische Rasse sein, welche sich vor diesen zerstreuten, vereinzelten, verachteten, gehaßten Abkömmlingen eines veralteten semitischen Stämmchen in den Staub werfen ... lassen."[49] Der Begriff der Rasse umfaßte stillschweigend alle Juden, getauft oder ungetauft. Philippson selbst stellte fest, daß die neueren Angriffe – er reagierte auch auf den Angriff Mohls – nicht nur auf die Religion, sondern auch auf den Stamm der Juden zielten, ungetaufte und getaufte Juden nicht voneinander unterschieden und „nun die letzteren zur Verteidigung ihrer Stammesgenossen aufriefen".[50] In der Tat befanden sich unter den Kritikern der Broschüre zwei Konvertiten, die zugunsten der Juden Stellung nahmen.[51] Verständlicherweise sah Philippson in solcher Vertauschung der Position eine unwillkommene Verwischung der Grenzen zwischen den Bekennern der jüdischen und der christlichen Religion. Ebenso erschien es ihm paradox, daß Mendelssohn, der sich nach Heines Worten „zum Schleppträger der protestantischen Pietisten" gemacht hatte, sich nun gefallen lassen mußte, „seinem hochsinnigen Großvater wieder zugestellt zu werden".[52] Doch selbst Philippson erlag der Versuchung, getaufte Juden als Kronzeugen für jüdische Leistungsfähigkeit anzuführen. Im Anschluß an die Wagner-Polemik und zur Widerlegung der These von der Unzulänglichkeit jüdischer Musiker berichtete Philippson von einem Konzert in Köln, wo zwei Künstler „mit vollendeter Meisterschaft" aufgetreten seien. Nun, „beide waren Juden"[53] – sie hießen Ferdinand Hiller und Joseph Joachim, beide längst getauft, eine Tatsache, die Philippson bei dieser Gelegenheit entweder vergaß oder verdrängte.

Die Trennung zwischen Juden und Nichtjuden aufgrund ihrer konfessionellen Zugehörigkeit war hoffnungslos inadäquat geworden. Zu viele hatten sich zwischen den beiden Gruppen angesiedelt: die radikal Säkularisierten beider Gesellschaften, die von keiner Religion etwas wissen wollten, und speziell die neu-getauften Juden, die zwar formell zu einer der Kirchen gehörten, aber weder spirituell noch gesellschaftlich die Transformation vom Juden zum Christen vollzogen hatten. Sprach man von Juden, zumal in irgendeinem säkularen Kontext, waren diese keineswegs aus dem Begriff ausgeschlossen. Was also bestimmte ihre Einverleibung in die Kategorie ‚Jude'? Die Zeitgenossen suchten eine Antwort auf diese Frage, indem sie neue Ausdrücke zur Bezeichnung der jüdischen Gesamtheit verwendeten. Diese Ausdrücke orientierten sich an der Abstammung des Einzelnen und ignorierten sein religiöses Bekenntnis oder seinen sonstigen geistigen Habitus. Der Begriff, der sich in dieser Situation anbot, und dem wir auch im Wagner-Streit oft begegnen, war der des „Stammes". Immer wieder ist die Rede von der künstlerischen oder allgemein kulturellen Befähigung des jüdischen Stammes, oft sogar bezogen auf die Geschichte des biblischen Altertums. Hier und da tauchte auch der Begriff der Rasse auf, ohne daß ihm allerdings eine weitreichendere Bedeutung als seinem Synonym, dem des Stammes, zugemessen wurde. Dies trägt zu unserem Verständnis für das Aufkommen des modernen Antisemitismus bei, mit dem der Begriff der Rasse später verhängnisvoll assoziiert wurde.

Faßt man die anti-jüdischen Äußerungen zusammen, die im Laufe des Wagner-Streits und von Wagner selbst gebraucht wurden, so hat man die Grundelemente der antisemitischen Ideologie vor sich. Die Juden seien den europäischen Völkern und speziell dem deutschen fremd und im Grunde kulturell und moralisch ein minderwertiger Menschenschlag. Die Feststellung der Fremdheit und der Minderwertigkeit berief sich auf Beobachtungen, galt also unabhängig davon, ob dafür eine plausible historische oder eine andere Erklärung angeboten werden konnte. Erklärungsversuche für die angeblich unleugbaren Tatsachen tauchten in der Tat nur sporadisch und rudimentär auf, so beispielsweise wenn Wagner in einem Nebensatz die Bemerkung „der Jude, der bekanntlich einen Gott ganz für sich hat", fallen läßt,[54] oder wenn Lang von der „subjektiven Exklusivität, die ihnen die Amalgamierungsprozesse mit anderen Nationen erschwerte" spricht.[55] Beide deuten auf eine ursprüngliche, fast metaphysische Eigenheit des jüdischen Wesens hin.

144

Als wie stark verwurzelt die jüdische Mentalität auch immer eingeschätzt und wie akut auch die Fremdheit der Juden empfunden wurde, für unausrottbar wurden die jüdischen Eigenschaften nicht gehalten. Der Weg zur Assimilation, mit einem zeitgenössischen Terminus Amalgamation genannt, wurde grundsätzlich offengehalten. Bedingung dafür war die völlige Ablegung der jüdischen Charakterzüge – ein undefinierbarer Prozeß, der jetzt an die Stelle des institutionell festgelegten Aktes der Taufe trat. Es bedurfte nur eines neuen Anstoßes, um die Möglichkeit der Verwandlung der Juden ganz zu verneinen. Im Interesse der historischen Wahrheit muß festgestellt werden, daß dies weder bei Wagner noch bei seinen Verteidigern (mit der Ausnahme von Fuchs) während des Wagner-Streits der Fall war.

1 Ismar Freund, *Die Emanzipation der Juden in Preußen*, Berlin 1912, Bd II, S. 522.
2 Robert von Mohl, *Staatsrecht, Völkerrecht und Politik*, Tübingen 1869, Bd III, S. 673–679. Die *Allgemeine Zeitung des Judentums* hatte Mohls Buch bereits im März zusammen mit Wagners Judenbroschüre besprochen.
3 Jacob Katz, *Out of the Ghetto, The Social Background of Jewish Emancipation*, Cambridge, Mass., 1973, S. 80–103.
4 Isidor Kaim, *Ein Jahrhundert der Judenemancipation und deren Christliche Verteidiger*, Leipzig 1869, S. 1.
5 Darüber siehe Jacob Katz, *From Prejudice to Destruction, Anti-Semitism, 1700–1933,* Kap. 20 („The Incubation"), S. 245–259.
6 Siehe Jacob Katz, „Misreadings of Anti-Semitism", *Commentary*, July 1983.
7 Jacob Katz, *From Prejudice* a. a. O. (Anm. 5), Kap. 12–17.
8 Ebenda, Kap. 21.
9 Siehe Jacob Katz, *Out of the Ghetto* a. a. O. (Anm. 3), Kap. 2 („Ghetto Times").
10 Ebenda, S. 105 f.
11 Jacob Katz, *Die Entstehung der Judenassimilation und deren*

Ideologie, Frankfurt 1935; wieder abgedruckt in *Zur Assimilation und Emanzipation der Juden,* Darmstadt 1982, S. 32–46 („Die neutralisierte Gesellschaftsform"); *Out of the Ghetto* (Anm. 3), Kap. 4 („The Semineutral Society").

12 *Out of the Ghetto,* Kap. 7 („The Defecting Fringe").

13 Siehe Anm. 48–50.

14 *Judentum in der Musik,* S. 47.

15 [E.] B[reslauer]., *Herr Richard Wagner und seine neueste Schrift „Das Judentum in der Musik",* Breslau 1869, S. 5. Der Verfasser wird in der *Allgemeinen Zeitung des Judentums* (1869, S. 266) identifiziert.

16 E. Liéser, *Die modernen Judenhasser und der Versuch von Julius Lang, das Judentum mit Richard Wagner zu versöhnen,* Nackel 1869, S. 5.

17 Joseph Engel, *Richard Wagners „Das Judentum in der Musik",* Leipzig 1869, S. 8; siehe auch S. 25.

18 Breslauer (Anm. 15), S. 6.

19 Liéser (Anm. 16), S. 6 f.

20 Ebenda.

21 *Richard Wagner und das Judentum, Ein Beitrag zur Culturgeschichte unserer Zeit von einem Unparteiischen,* Elberfeld 1869, S. 3.

22 Ebenda, S. 4, 6, 11, 14.

23 Siehe Kap. VI.

24 Julian Schmidt, *Bilder aus dem Geistigen Leben unserer Zeit,* Leipzig 1871, S. 418. Der hier abgedruckte Artikel ist vom März 1869.

25 Ebenda, S. 419.

26 Max Fuchs, *Noch ein Wort über Richard Wagners Judentum in der Musik,* München 1869, S. 10.

27 Ebenda, S. 12, 14 f.

28 Julius Lang, *Zur Versöhnung des Judentums mit Richard Wagner ... Ein unparteiisches Votum,* München 1869, S. 6.

29 Siehe Kap. VI, Anm. 20.

30 Lang (Anm. 28), S. 40.

31 Ebenda, S. 11.

32 Ebenda, S. 40.

33 Ebenda, S. 13 f.

34 Ebenda, S. 14–17.

35 Ebenda, S. 22–24, 26.

36 Ebenda, S. 6.

37 Ebenda, S. 5.

38 Ebenda, S. 12.

39 Siehe Jacob Katz, *From Prejudice* a. a. O. (Anm. 5), S. 203–205 und die dort aufgeführte Literatur.

40 *Die Grenzboten*, 1869, I. Semester, II. Band, S. 333.

41 Ebenda, S. 334.

42 M. Gutmann, *Richard Wagner, der Judenfresser*, Dresden 1869, S. 6.

43 Ebenda.

44 Ebenda, S. 12 f.

45 Edmund Friedmann, *Das Judentum und Richard Wagner*, Berlin 1869, S. 4.

46 Breslauer (Anm. 15), S. 11.

47 Engel (Anm. 17), S. 7.

48 *Der Israelit*, 21. April 1869 (Nr. 16), S. 298.

49 *Allgemeine Zeitung des Judentums*, 30. März 1869 (Nr. 13), S. 247.

50 Ebenda, 6. April 1869 (Nr. 14), S. 308.

51 Die beiden Konvertiten sind E. M. Oettinger (*Offenes Billet doux an den berühmten Hepp-Hepp-Schreier und Juden-Fresser Herrn Wilhelm Richard Wagner*, Dresden 1869) und H. Ehrlich („Recension", *Neue Berliner Musikzeitung*, 17. März 1869, S. 85–87.

52 *Allgemeine Zeitung des Judentums*, S. 328.

53 Ebenda, S. 346 f.

54 *Judentum in der Musik*, S. 3.

55 Lang (Anm. 28), S. 10.

ACHTES KAPITEL

Private Judenphobie

Die Reaktionen auf die Wiederveröffentlichung seiner anti-jüdischen Broschüre haben Wagner vielleicht zum Nachdenken gezwungen. Von seiner Judenphobie haben sie ihn nicht geheilt, sondern diese eher noch verstärkt.

Wie schon erwähnt begann Cosima, damals noch Frau von Bülow, aber bereits mit Wagner im Asyl von Triebschen bei Luzern lebend, ihr Tagebuch zu führen, als die Vorbereitungen zur Wiederveröffentlichung getroffen wurden. Die fortlaufenden Eintragungen gewähren uns Einblick in die täglichen Gedankengänge des in intellektueller Symbiose lebenden Paares. Meistens handelt es sich um Reflexionen Wagners, die Cosima unzensiert wiedergibt. Wo es sich um Juden handelt, fehlte ihr jede Motivation, Richards Urteile zu korrigieren. Sie brachte von ihrer katholischen Erziehung her eine gute Portion anti-jüdischer Vorurteile mit, und ihre etwa zehnjährige Lebensgemeinschaft mit Hans von Bülow hatte ihr auch keinen Anlaß zum Umdenken gegeben, da von Bülow selbst weitgehend eine anti-jüdische Gesinnung hatte.[1]

Nach der Veröffentlichung der Tagebücher wiesen Kritiker auf die vertrauliche Natur der Einträge hin.[2] Sie enthalten in der Tat viele Äußerungen des Augenblicks, die Wagner im Ernst kaum vertreten haben kann. Anläßlich der Nachricht über die vielen jüdischen Opfer bei einem Theaterbrand in Wien sagte Wagner laut Cosima, daß man alle Juden bei der Aufführung von „Nathan der Weise" verbrennen solle. Auch bei der Belagerung von Paris im Deutsch-Französischen Krieg hatte er gehofft, daß diese „Femme entretenue der Welt" verbrannt werde.[3] Ob er wohl den Mut gehabt hätte, den Befehl dazu zu erteilen? Bei einem privaten Gespräch können Kraftausdrücke dieser Art fallen. Zu Wagners Unglück wurden diese aber von der ihm grenzenlos ergebenen Gefährtin festgehalten.

Selbst wenn man von diesen Ausdrücken absieht, bleiben genügend Zeugnisse für Wagners Judenphobie. In den dreizehn Jahren, über die das Tagebuch fortlaufend berichtet und an deren Beginn der Skandal um die Judenbroschüre liegt, haben die Wagners den Kontakt mit Juden keineswegs gemieden, ebensowenig aber hat sich ihr Urteil und ihre Empfindlichkeit gegenüber Juden gemildert. Cosima erwähnte zweimal einen Herrn Seligsberg, anscheinend Kunstsammler oder Kunsthändler, dem sie für Empfang von Kunstgegenständen Dank schuldete: „Abends sehen wir alte Radierungen, von dem Juden Seligsberg zugeschickt." – „Ich habe einen Creussenen Apostelkrug für R[ichard] durch Hilfe des unentbehrlichen Juden Seligsberg erobert! R. hatte sich ihn gewünscht."[4] Die ausdrückliche Kennzeichnung einer Person als Jude bei Nennung des Namens war in der voremanzipatorischen Zeit, wohl als ein Mittel sozialer Distanzierung, eine Selbstverständlichkeit.[5] Diese Methode der Abstandswahrung lebt hier fort. Sie war gewiß auch in weniger anti-jüdischen Kreisen im privaten Umgang nicht selten. Bei den Wagners allerdings wirkte die Neigung, auf die jüdische Herkunft ihrer Bekannten zu achten, fast wie eine Obsession und führte oft zu grotesken Szenen. Die patriotischen Wagners verfolgten den deutschen Siegeszug im Deutsch-Französischen Krieg von 1870–1871 mit Begeisterung. Im Juni 1871 berichtete Cosima: „In der Zeitung der Einzug der Truppen in Berlin, was uns unbeschreiblich rührt." Dann der Nachtrag: „Leider ist die Beschreibung von einem Juden [J. Rodenberg]."[6] Die jüdische Herkunft des Artikels verdarb ihnen also den Spaß.

Nur selten übergingen die Wagners stillschweigend die jüdische Herkunft ihrer Bekannten. Im April 1876 kam Professor Michael Bernays zu Besuch, getaufter Sohn eines namhaften Rabbiners aus Hamburg, dessen Bruder, der berühmte klassische Philologe Jakob Bernays, streng traditionstreuer Jude geblieben war, und es darum nie zu einer ordentlichen Professur gebracht hatte.[7] Auch Michael war ein Gelehrter von Rang. Cosima nannte ihn „den größten jetzt lebenden Kenner Goethes". Bernays Einleitung zu Goethes Briefwechsel wurde mit Vergnügen studiert, er selbst war ein gerngesehener Gast im Hause, da der „wohlunterrichtete feurige wunderliche Mann R[ichard] wirklich zu verstehen scheint". Daß Bernays in München, wo er Ordinarius für deutsche Literatur war, dem Wagner-Verein beitrat und dessen Aufruf mitunterzeichnete, wurde mit Genugtuung vermerkt.[8] Sehr bald war man aber über Bernays enttäuscht; ein Freund des Hauses meldete „er wage es nicht über die MS [Meistersinger] zu schreiben". Als dann etwas später der Name von Bernays wieder auftaucht, dient er zur Erörterung über „das eigentümliche Wesen des Juden", die in Wagners Worten mündet: „ein merkwürdig uns fremdes Element ist in uns hereingekommen". Unter sichtlichem Ärger wurden die Beziehungen trotzdem aufrechterhalten, wofür sich Cosima dann mit einer Bemerkung über Bernays „Lächerlichkeit (immer wie geladen über alles Erhabene zu dozieren)" schadlos hielt.[9]

Die Feststellung der Zugehörigkeit zum Judentum wurde nur selten ohne gleichzeitige Herabsetzung vermerkt. Im Bankier Bernhard Löser in Berlin hatte Wagner einen treuen Förderer und Bewunderer gefunden. Im Tagebuch wurde er herablassend als „rührender Jude Löser" eingeführt. Wagner besucht ihn in Berlin, „bestellt ihm Zigarren und schenkt ihm dankende Broschüren". Beim nächsten Besuch in Berlin ärgerte sich Wagner über das von Löser bestellte schlechte Hotel, dessen Zimmer Löser noch dazu „mit Gewächsen und Bäumen angefüllt hatte, daß von ihrem Duft mir übel wurde". Schlimmer aber war, daß Wagner nach näherer Unterhaltung mit Löser feststellen mußte, daß der von Löser gegründete Wagner-Verein keineswegs die erhofften Erfolge erzielt hatte, „wonach die Wagneriana sich mir in den gewohnten Judenduft auflöste". Von nun an wurde der jüdische Bankier aus Berlin je nach dem Stand seiner Leistungen lobend oder herabsetzend erwähnt.[10]

Bei den ambitionierten, künstlerischen Plänen Wagners war es unvermeidlich, daß er auch Enttäuschungen erlebte. Sein Ressentiment gegen Zeitgenossen, die ihn aus mangelndem Verständnis für die sein Werk nicht genügend unterstützten, war grenzenlos. Waren Juden in die Sache verwickelt, wurde die Schuld sofort auf ihre ganze „Sippschaft" übertragen. Als eine Geldanweisung des Pariser Bankiers Erlanger nicht zur rechten Zeit eintraf, heißt es: „Dieser wie sein ganzer Stamm sucht und findet Ausflüchte, tiefe Beschämung und Ärger; immer Judäa sich selbst gleich."[11]

Es gab nichts, wofür man die Juden nicht verantwortlich machen konnte. Als 1871 aus London ein Angebot kam, den „Tannhäuser"-Marsch aufzuführen, und dafür 20 Pfund angeboten wurden, zitierte Cosima Richard: „Das hätten auch die Juden auf dem Gewissen, daß man alles so schlecht bezahle." Mendelssohn, Meyerbeer und Hiller wären nämlich bereit gewesen „für nichts ihren Namen" herzugeben, „Haydn, Jommelli dagegen ließen sich gut bezahlen".[12] Sonst hieß es immer, Juden betreiben die Kunst nur als Geschäft, und schon im „Judentum in der Musik" ist die Rede vom jüdischen „Kunstwarenwechsel".[13] Hier wird die oft augenscheinliche Tatsache, daß sich Antisemiten in ihren Anklagen gegen Juden widersprechen, ins Absurde gesteigert.

Es ist wohlbekannt, daß Wagner dazu neigte, Menschen danach einzuschätzen, ob sie zu ihm standen oder nicht. Er selbst zählte einmal die Personen auf, die „von ihm abgefallen sind, wie Brockhausens, Karl Ritter, Willes, Laube, eine Unzahl".[14] Während hier der Vorwurf der Untreue nur sie allein traf, wurde die Abwendung von Hiller und Joachim mit ihrer jüdischen Herkunft in Verbindung gebracht. „Ich freue mich doch, daß von den deutschen Musikern mir zwei Juden am widerwärtigsten sind: Hiller und Joachim. Was hat man z. B. letzterem getan, daß er vom überschwenglichen Enthusiasten zum tückischsten Gegner wird."[15] Stieß Wagner auf eine unangenehme Erscheinung bei einem Juden, so wurde sie unbedenklich seiner Stammeseigentümlichkeit zugeschrieben. Der Meister hatte seinen Hund Rus in ein Lokal zum Biertrinken mitgenommen. Der jüdische Klavierlehrer des Ortes stolperte über das Tier. Wagner entschuldigte sich, worauf Herr Karpeles antwortete: „Oh, das sind für mich heilige Wesen, Ihre Hunde, ich kenne Pips und Peps." Wahrscheinlich waren die Haustiere des berühmten Bewohners der Stadt Bayreuth Gegenstand des Stadtklatsches, und der Meister hätte die Bemerkung als Kompliment ansehen können. Das Fazit, das das Ehepaar aus der Episode zog, aber war: „Wir staunen über diese Eigenschaft der Juden, welche wie die Jesuiten alles auszuspüren vermögen."[16]

Juden und Jesuiten wurden von Wagner immer wieder in einem Atemzug genannt. Aber mit Jesuiten hatte Wagner keine persönliche Berührung, und so fehlte seinen Äußerungen die Adresse, Juden dagegen gehörten zu Wagners unmittelbarer Umgebung, und diese Tatsache schuf höchst zweideutige Situationen. Wagner-Apologeten haben immer wieder auf den ununterbrochenen Verkehr Wagners mit Juden, speziell mit Karl Tausig, Joseph Rubinstein und Hermann Levi, hingewiesen und damit die relative Harmlosigkeit der Wagnerschen Judenfeindseligkeit dokumentieren wollen.[17] In der Tat schloß in dieser Phase der Beziehungen zwischen Juden und Nichtjuden selbst schärfste Kritik am Judentum und am jüdischen Wesen gesellschaftlichen oder sogar freundschaftlichen Verkehr mit einzelnen Juden nicht aus. Die negative Beurteilung alles Jüdischen war ja hier noch mit der Vorstellung verbunden, daß das Jüdische ablegbar sei, während die gesellschaftliche Verfemung der Juden sich erst aus der antisemitischen Bewegung der achtziger und neunziger Jahre ergab.[18] Bei Wagner war auf der ideologischen Ebene die Möglichkeit einer Entjudung einzelner Juden oder sogar der ganzen Judenheit Raum gegeben. Sein Verhalten mag in einzelnen Fällen – wie in dem von Joseph Rubinstein – von dieser Möglichkeit beeinflußt worden sein. In Rubinstein begegnete ihm jemand, der sich ausdrücklich darauf bezog und sich zum Entjudungsprozeß bereit erklärte. In seinem Vorstellungsbrief aus der russischen Stadt Charkow (Februar 1872) schrieb Rubinstein an Wagner: „Ich bin ein Jude – Hiermit ist für Sie alles gesagt. Alle jene Eigenschaften, die an dem Juden der Gegenwart bemerklich sind, besaß ich auch." Er berichtete, wie er einmal aus „gänzlicher Mutlosigkeit und fast beschämender Schwäche" durch die Beschäftigung mit Wagners Werken vorübergehend gerettet wurde, gegenwärtig jedoch wieder in einen „trostlosen Zustand" geraten sei. „Mein Zustand wird immer schlimmer, denn ich erkenne, daß die Juden untergehen müssen; wie sollte ich aber nicht untergehen, da ich selbst Jude bin." Unverkennbar diagnostizierte Rubinstein seine seelische Labilität mit Begriffen, die aus dem „Judentum in der Musik" entlehnt waren. Sein Anliegen war eine Heilung durch die Mitarbeit an Wagners Werk, in dessen unmittelbarer Nähe, anzustreben. „Von Ihnen also erwarte ich Hülfe, und Hülfe, die dringend

153

ist. Meine Eltern sind reich. Die Mittel, um zu Ihnen zu fahren, würde ich gleich haben."[19]

In der Tat erschien Rubinstein im April desselben Jahres in Triebschen in Begleitung seines Beschützers, eines Herrn Dr. Cohen, der hinter dem Rücken des jungen Mannes die Wagners darauf aufmerksam machte, daß sein Schutzbefohlener „großer Schonung bedürftig sei". Cosima beschrieb ihn als eine „seltsame Erscheinung und Erfahrung", und fügte hinzu: „R[ichard] ist unendlich gütig gegen den jungen Mann, und rät ihm zur Ruhe, bietet seinen Umgang in Bayreuth an."[20] Wagner hatte also allem Anschein nach Gefallen an dem musikalisch hochbegabten Jünger gefunden. Rubinstein wurde ab seiner Ankunft kurz vor der Übersiedlung nach Bayreuth mit kurzen Unterbrechungen zum ständigen Begleiter des Wagnerschen Haushalts. Finanziell von seinem Vater unterstützt, konnte er es sich leisten, immer in der Nähe der Wagners zu wohnen. Fast jeden Tag war er Gast im Hause, genoß die musikalische Unterweisung des Meisters und erfreute seinerseits die Hausbewohner und ihre Gäste mit seinem Musizieren.[21] Wegen seiner psychischen Belastung nahm Wagner, zwar unter Klagen, mit größerer Geduld als Cosima auf seine Gereiztheit Rücksicht. Bei dem ersten Abschied nach sechs Monaten des Beisammenseins notierte Cosima: „Abends der gute Rubinstein zum Abschied – R[ichard] wirft mir vor, ihn zu kalt entlassen zu haben, was ich sehr bereue."[22] Nach der Rückkehr Rubinsteins besserten sich die Beziehungen, Cosima feierte Rubinsteins Geburtstag mit den Kindern und erwähnte ihn immer als „Freund Rubinstein". Wagner selbst war bereit, an Rubinsteins Vater zu schreiben, um Konflikte zwischen Vater und Sohn zu schlichten.[23]

Hier also scheint der Vorbehalt gegenüber den Juden überwunden zu sein, und man könnte ohne Übertreibung von einer tiefen Freundschaft zwischen Meister und Schüler sprechen. Doch der Schein täuscht. Die Vorbehalte traten zurück, solange die Beziehungen ungetrübt blieben. Wenn jedoch das geringste Mißverständnis oder ein Mangel am musikalischen Verständnis oder der Leistungsfähigkeit des Jüngers auftaucht, wurde sofort seine jüdische Herkunft als Erklärung dafür herangezogen. So hieß es dann, Juden könnten „eigentlich kein Thema heraushören noch spielen" und nicht „das Volkstümliche ... empfinden."[24]

Da „Herr Rubinstein ... die traurigsten Eigenschaften seines Stammes" bewahrt hatte, tat sich für Wagner bei einer „kleinen Auseinandersetzung mit Freund Rubinstein" sogar eine „unüberbrückbare Kluft zwischen diesen Naturen und der unsrigen auf". Wagner stellte zwar seinem Schüler das Zeugnis aus, daß er versuche, „durch deutschen Geist erlöst zu werden" – wohl durch seine Vermittlung. Dem Versuch war jedoch kein voller Erfolg beschieden. Jüdische Angelegenheiten wurden von Wagner in seiner kritisch-vernichtenden Art gewiß auch in der Gegenwart Rubinsteins erörtert, eine gewisse Zurückhaltung war dann aber doch dem seiner jüdischen Herkunft bewußten Jünger gegenüber geboten. Bei der Nachricht vom Theaterbrand in Wien, bei der die Wagners ihre Schadenfreude über die jüdischen Opfer an den Tag legten, vermerkte Cosima: „Wir sprechen vor Rubinstein unsere Empfindung über die Juden im Theater nicht aus." Ein andermal scheint Rubinstein gewagt zu haben, Wagners Urteil über Juden zu widersprechen, denn Cosima berichtet: „R[ichard] hatte eine schlimme Nacht, das erregte Gespräch über Juden hat ihn angegriffen, er rühmt Rubinsteins Art und Ernst, aber er soll's Maul halten über die Juden."[25]

Die Aufrechterhaltung von freundschaftlichen Beziehungen zu Juden bei gleichzeitiger Verneinung ihrer Menschenwürde mußte zu moralisch bedenklichen Verstellungen und Unredlichkeiten führen. In der Tat wurde von den Wagners ein innerer Vorbehalt, eine Art Reservatio mentalis gegenüber allen ihren jüdischen Bekannten und Förderern gewahrt. Unabhängig von den wirklichen oder vermeintlichen jüdischen Zügen, die sie beobachten zu können glaubten und von denen sie sich abgestoßen fühlten, wurde die angebliche Wesensverschiedenheit der Juden bei ihnen zum Dogma. Der Glaube an ihre Andersartigkeit und damit an ihre Minderwertigkeit verbaute den Weg zu einem aufrichtigen, vorbehaltlosen Verhältnis auch zu den geschätztesten Weggefährten. Sogar über Karl Tausig, vor dessen Juden-Sein Wagner gerne die Augen geschlossen hätte, heißt es nach seinem plötzlichen und als tragisch empfundenen Ableben: „Sein Tod erscheint uns metaphysisch begründet; ein armes früh verlebtes Wesen, der keinen Glauben an sich hat, der bei allem was ihn uns nahe bringt, doch eine innere tiefe Fremdartigkeit [die jüdische] empfindet." Und zwei Tage später: „Betrachtung über Tausigs trauriges Leben; so frühreif, mit 16 Jahren bereits Schopenhauer durchgearbeitet; Fluch des Judentums von ihm empfunden."[26] Da sonst keine Zeugnisse von einer Belastung Tausigs durch seine jüdische Herkunft bekannt sind, ist es sehr gut möglich, daß es sich hier um eine Projektion der Gesinnung des Berichterstatters handelt. Sollte Tausig aber tatsächlich Fremdartigkeit als Fluch des Judentums empfunden haben, so dürfte dieses Gefühl, wie auch bei Rubinstein, weniger aus eigener Reflexion als unter der Last des Wagnerschen Drucks entstanden sein. Es gibt über dieses Phänomen eigenartigerweise eine höchst aufschlußreiche Äußerung Wagners zwei Tage vor seinem Tod: „Man dürfte mit den Israeliten eigentlich nicht umgehen! Entweder werden sie gemütskrank darüber oder es drückt sich durch Hochmut wie bei J. Rub. aus."[27]

156

Tausig und Rubinstein kamen als junge Männer unter den Einfluß Wagners, während Hermann Levi mit ihm erst in Berührung kam, nachdem er sich als erfolgreicher Kapellmeister in Rotterdam, Karlsruhe und seit 1872 in München einen Namen gemacht hatte. Levi gehörte zu den Anhängern der von Wagner vertretenen künstlerischen Richtung, doch wahrte er seine Selbständigkeit gegenüber dem Meister. Zweimal zitierte Cosima Wagners Ausspruch, daß er den Kapellmeister schon allein deshalb respektiere, „weil er sich wirklich Levi nennt, wie in der Bibel, nicht Löwe, Lewy etc ...“[28] Der biblische Name, den der Kapellmeister von seinem Vater, dem Rabbiner der jüdischen Reformgemeinde in Gießen, geerbt hatte, wird nicht der einzige Grund für die Achtung gewesen sein, die Wagner Levi entgegenbrachte. Bei aller Verehrung des Meisters ließ sich Levi von ihm nicht in seinen Ansichten und Anschauungen dominieren. Typischerweise gerieten die beiden bei einem der ersten Besuche Levis in Bayreuth in Streit über Bismarcks Jesuitengesetz – die Ausweisung des Ordens im Laufe des Kulturkampfes. Der Jude Levi verurteilte die Maßnahme des Reichskanzlers, Wagner dagegen ereiferte sich über „den Schaden, den die k. Kirche Deutschland zugefügt“ habe.[29] Levi erlaubte sich anscheinend, auch Kritik an den seit Anfang 1878 erscheinenden „Bayreuther Blättern“ zu üben, wohl wegen der sich in der Zeitschrift wiederholenden anti-jüdischen Ausfälle, in Wagners eigenen Artikeln als auch in den Aufsätzen anderer. Cosima notierte am 2. August 1878: „R[ichard] sagte dem Km Levi in bezug auf die B.Bl., ich suche Streit mit Niemanden, aber über was mir in den Mund kommt sage ich meine Meinung rücksichtslos.“[30]

Der Rabbinersohn Levi hatte wohl kaum noch positiv religiöse Bindungen an das Judentum, doch war seine Haltung nicht gleichgültig. In einem Gespräch mit Wagner im Jahre 1878 bezeichnete er sein Judentum als „*ei-nen wandelnden Anachronismus*" (im Original gesperrt), was wohl sein ideologisch schwer zu begründendes Festhalten am Judentum andeuten sollte. Diese Bemerkung entlockte Wagner eine seiner wenigen anerkennenden Äußerungen über Juden und Judentum. Gerührt von Levis problematischem Bekenntnis zum Judentum, sagte er zu ihm, „daß wenn schon die Katholiken sich für vornehmer hielten als wir, die Protestanten, die Juden doch die allervornehmsten, ältesten wären."[31]

Zu dieser Zeit war die Agitation, die schließlich zu der von Adolf Stöcker gesteuerten antisemitischen Bewegung führte, voll im Gang.[32] Die Judenfrage wurde zu einem unvermeidlichen Gegenstand der öffentlichen Aufmerksamkeit und der privaten Unterhaltung – ein Umstand, der das jüdische Bewußtsein auch bei weitgehend Entfremdeten wie Hermann Levi wachgerufen haben dürfte. Levi hatte anscheinend keine Hemmungen, über seine jüdische Herkunft oder das Problem des Jude-Seins zu sprechen. Im Januar 1879 erwähnte er im Gespräch mit Wagner und Cosima, daß sein Vater Rabbiner sei. Daraufhin setzte Wagner ihm eine Idee auseinander, die er kurz zuvor entwickelt hatte und anschließend oft wiederholte und die dem Judentum gegenüber einen etwas versöhnlicheren Ton anschlug. „Wenn ich noch einmal über die Juden schriebe, würde ich sagen, es sei nichts gegen sie einzuwenden, nur seien sie zu früh zu uns Deutschen getreten, wir seien nicht fest genug gewesen, um dieses Element in uns aufnehmen zu können."[33] Das war die ursprüngliche Fassung. Im Gespräch mit Levi wurde sogar unterstellt, daß bei einer günstigeren zeitlichen Abfolge in der Begegnung zwischen Juden und Deutschen „das allgemein Menschliche, welches aus dem deutschen Wesen sich hätte entwickeln können ... allem Jüdischen zugute" gekommen wäre. Schuld daran sei

„die frühzeitige Einmischung in unsere Angelegenheiten, bevor noch, daß wir gewußt, wer wir seien".[34] Das Gespräch bewegte sich dann von der theoretischen Ebene zur konkreten: „Der Km [Kapellmeister] berichtet von einer großen Bewegung gegen die Juden auf allen Gebieten; in München wolle man sie aus dem Magistrat entfernen – er hofft in 20 Jahren würden sie mit Stiel und Stumpf ausgerottet und das Publikum des ,Ringes' ein anderes Volk abgeben, wir ,wissen es anders'."[35] Wenn Levis Worte richtig wiedergegeben sind, so suchte er an die anti-jüdische Bewegung die Hoffnung zu knüpfen, daß das auffallende jüdische Wesen unter dem Druck der Gegner verschwinden müsse – eine Hoffnung, an die das Ehepaar Wagner nicht glaubte.[36]

Daß das Verhältnis zwischen Wagner und seinen jüdischen Freunden von ihm selbst als problematisch empfunden wurde, geht aus der Nachbemerkung Cosimas zu diesem eigenartigen Gespräch hervor. „Uns beiden wiedergegeben, sprechen R[ichard] und ich von dem merkwürdigen Zug einzelner Juden zu ihm."[37] Bei Wagners fühlbar anti-jüdischer Haltung mußte die Anhänglichkeit der Juden unverständlich und seine Verbindung mit ihnen widerspruchsvoll erscheinen. Der belastenden Problematik entledigt sich Wagner mit den Worten: „Wir bekommen im Wahnfried eine Synagoge."[38] Daß er sich durch seine Verbindung mit Juden in seinen öffentlichen anti-jüdischen Äußerungen gehemmt fühlte, ist von Cosima bezeugt. Wagner beklagte sich, daß er mit Rücksicht auf den Bayrischen König und seinen katholischen Schwiegervater, Franz Liszt, seine Artikel in den Bayreuther Blättern nicht gegen die katholische Kirche richten dürfe. „Über die Juden kann ich auch nichts mehr sagen." Ein Mitarbeiter des Blattes hatte angefragt „ob er Levi angreifen dürfe, was auch nicht gut geht".[39] Bald darauf notierte Cosima: „Es ärgerte ihn, daß er sich jetzt geniere, die Juden zu nennen, der drei, vier Kerle wegen. Davidsohn [einer der jüdischen Wagnerianer aus Berlin] hat mir eine Cigarrenspitze geschenkt, ruft er heiter aus, in seiner gewohnten Weise vom Ärger zum Scherz überspringend"[40] – und damit schwerwiegende moralische Probleme durch Floskeln beiseiteschiebend, müssen wir hinzufügen.

Im Falle Hermann Levis drohte die Zusammenarbeit mit Juden zu einer besonderen Verlegenheit zu werden. Der Kapellmeister war als Dirigent des „Parsifals" vorgesehen, sowohl dank seiner hervorragenden Fähigkeit als auch aufgrund seiner Stellung als Hofkapellmeister des Königs von Bayern. Doch beim „Parsifal" handelte es sich nach Auffassung Wagners nicht um ein gewöhnliches musikalisches Kunstwerk. Er nannte die Oper ein „Bühnenweihfestspiel" und deutete damit seine religiöse Zielsetzung an. In der Tat steht „Parsifal" im Zeichen der Erlösungsidee und verarbeitet die zentralen christlichen Symbole, die Kreuzigung und den Opfertod des Gottessohns am Karfreitag. So gekünstelt uns auch das Aufpfropfen der christlichen Symbolik auf die Gralssage erscheinen mag, Wagner war es mit der Neubelebung des christlichen Urerlebnisses ernst.[41] Über die religiöse Funktion der Kunst – seiner Kunst – hat er sich im Aufsatz „Religion und Kunst" im Jahre 1880 in diesem Sinne öffentlich geäußert.[42] Selbst wenn man diesen Aufsatz als die nachträgliche Rechtfertigung eines künstlerischen Einfalls abtun will, so bezeugen die Tagebücher Cosimas, daß Wagner jedenfalls im letzten Jahrzehnt seines Lebens an der Idee von Christus als Vermittler – „das Erhabenste was die Menschheit hervorgebracht"[43] – und an den christlichen Mysterien wie Taufe und Abendmahl festhielt. Solche Aussagen wiederholen sich sehr oft, und ihre Ernsthaftigkeit wird dadurch dokumentiert, daß Wagner selbst trotz offensichtlicher Verachtung für die

Kirche und ihre Vertreter gelegentlich an religiösen Zeremonien teilnahm und seine Angehörigen ebenfalls dazu verpflichtete.[44]

Vor der Konfirmation von Cosimas Tochter Blandine führte Wagner ein Gespräch „über die Bedeutung der Beichte und des Abendmahls und zeigte ihr darin das ganze Wesen des Christentums, Bekennen und Erlösung".[45] Typisch ist seine Strafpredigt an die Adresse der radikal gesinnten Malwida von Meysenburg, eine Freundin des Hauses, die „ihren Zögling nicht getauft habe, das ginge nicht, es dürfte nicht ein jeder auf eigene Hand sich seine Religion bilden …, auch wählen dürfe man nicht, sondern es müsse einem gesagt werden können, Du bist primsegnet, Du gehörst Christus an durch die Taufe, vereinige dich noch einmal mit ihm durch das Abendmahl".[46]

Mit der Bejahung der Grundlagen des Christentums ging die Verneinung des Judentums einher, und so erhielt Wagners anti-jüdische Animosität einen unverhüllt christlich-religiösen Zufluß. Damit wird keineswegs auf die kirchliche Lehre zurückgegriffen, die die Bestimmung der Juden in ihrer Bekehrung zum Christentum sieht. Ausdrücklich sagte Wagner bei einem anderen Gespräch mit Malwida von Meysenburg, daß die Taufe nur für die, „die in dieser Gemeinsamkeit geboren" sind, verpflichtend sei. Er gebe zu, „daß außerhalb dieser Gemeinsamkeit geboren, es keinen Sinn habe, jetzt sich darin aufnehmen zu lassen, weil es zu schlimm mit den Kirchen stünde".[47] In der Tat scheint es Wagner ferngelegen zu haben, einen seiner jüdischen Vertrauten dem Christentum zuzuführen – mit der Ausnahme von Hermann Levi.

Der Grund dafür ist offenkundig. Am 28. April 1880 bemerkte Wagner zu einem Brief von Levi, der offenbar die Aufführung des „Parsifals" betraf: „Ungetauft darf er

Parsifal nicht dirigieren, ich taufe aber die beiden, und wir nehmen das Abendmahl alle zusammen."[48] Da Parsifal kein bloßes musikalisches Schauspiel, sondern ein christliches Weihfestspiel werden sollte, schien es höchst unangemessen, einen Ungetauften eine führende Rolle spielen zu lassen. Die Mitwirkung des Juden hätte der Tendenz des Stückes widersprochen und die erwartete Wirkung des christlich-religiösen Erlebnisses untergraben. Wagner sah keinen anderen Ausweg aus dem Dilemma, als Levi zu taufen. Der Komponist hatte aber Hemmungen, diese Idee dem Betroffenen zu unterbreiten. Von der nächsten Begegnung im November berichtete Cosima: „Sehr aufgeregt überhaupt sagt er in einem Gespräch zu Levi, er – als Jude – habe nun zu lernen zu sterben, was aber Levi gut versteht."[49] Daß die Juden, weil unerlöst, mit Angst und Grauen dem Tod entgegensehen, ist eine alte christliche Vorstellung, und der Parsifal sollte gerade auch die Gnade der Erlösung im christlichen Tod vor Augen führen. Die Absicht war, Levi auf dieses Manko seiner jüdischen Existenz hinzuweisen. Ein paar Tage später sprach Wagner in Gegenwart Levis „über den traurigen Einfluß der Juden auf unsere Zustände".[50] Levi sollte auf der Ebene des realen Lebens den Vorteil einer Distanzierung von der jüdischen Gemeinschaft erkennen. Einige Wochen später, diesmal in Abwesenheit des Kapellmeisters, sagte Wagner: „Es ist doch gar nicht zu ermessen, welche Wirkung der 3. Akt von P[arsifal] ... machen wird." Damit war wohl die erhoffte religiöse Wirkung des „Parsifal" gemeint. Unmittelbar danach fragte er: „Ob wohl die Formel zu finden wäre ... um so einen armen Menschen wie Levi zu taufen – ich glaube ich könnte es finden."[51] Wagner wollte Levi nicht zumuten, das kirchlich-dogmatisch fixierte Christentum anzunehmen, das er selbst verwarf und verachtete. Aber er hatte ja in seinem Aufsatz über „Reli-

gion und Kunst" das Christentum bei Beibehaltung seiner symbolischen Akte „auf Glaube, Liebe und Hoffnung" reduziert.[52] Dieses Wagnersche Christentum nun
wollte er dem „armen Menschen Levi" angedeihen lassen
und dafür eine entsprechende Formel finden.

Dies waren nur gedankliche Vorübungen. Am 19. Januar 1881 schließlich teilte Wagner Levi seine Absicht
mit. Cosima berichtet: „Dann kündigt er dem Kapellmeister zu seinem Erstaunen an, daß er den Parsifal dirigieren wird; ‚vorher nehmen wir einen Akt mit Ihnen
vor. Ich möchte, es gelänge mir, die Formel dafür zu finden, daß Sie sich ganz unter uns als zu uns gehörig empfinden.' – Das umschleierte Gesicht unseres Freundes
läßt R. davon abbrechen."[53] Nachdem Levi gegangen
war, nahm Wagner Bezug auf seinen letzten Aufsatz, wo
„er ungefähr angegeben hatte, welche die Formel sein
könnte".[54] Kein Zweifel, Wagner trug sich mit dem Gedanken, Levi im Sinne des reduzierten Christentums die
Taufe schmackhaft zu machen, Levi aber blieb auch solchen Annäherungen unzugänglich.

Die Angelegenheit hatte noch ein Nachspiel. Am
29. Juni, als Hermann Levi wieder in Bayreuth weilte,
erhielt Wagner einen anonymen Brief, der ihn aufforderte, „sein Werk rein zu erhalten und es nicht von einem
Juden dirigieren zu lassen".[55] Als er Levi den Brief zeigte
– vielleicht mit der Absicht, ihn doch noch zur Taufe zu
bewegen –, „kann er sich nicht fassen, ihm scheinen solche Unwürdigkeiten neu".[56] Tags darauf reiste Levi nach
Bamberg ab und bat von dort schriftlich um „seine Entlassung von der Direktion".[57] Wagner, der immer noch
hoffte, Levi umzustimmen, versicherte ihm: „Für alle
Fälle aber – sind Sie mein Parsifal-Dirigent."[58] Daraufhin
kehrte Levi nach zweitägiger Abwesenheit nach Bayreuth zurück. Wagner versuchte der Angelegenheit eine
humoristische Wendung zu geben, indem er bei Tisch

um „hebräischen Wein" bat. Er gab Levi zu verstehen, „daß er daran gedacht habe, ihn taufen zu lassen, und mit ihm zum Abendmahl zu gehen",[59] womit wohl der endgültige Verzicht, Levi dem Christentum zuzuführen, zugestanden war.

Wagners missionarisches Vorhaben wie auch der Mißerfolg sind typisch für die Mißverständnisse, die oft christlich-jüdische Beziehungen belasteten. Christen, die ihrer Tradition eine moderne Deutung gaben und dank dieser Neuinterpretation an ihrem Christentum festhalten konnten, glaubten aufgrund ihrer Überzeugung ihre Religion auch Juden anbieten zu können. Sie bedachten dabei nicht, daß bei ihnen die emotionelle, meistens durch Kindheitserlebnisse bedingte Bindung an das Christentum ausschlaggebend war. Juden, deren Erlebnisse einen anderen emotionellen Hintergrund hatten, bedeuteten solche ideologischen Reinterpretationen des Christentums nichts. Der Versuch, sie auf diesem Weg für das Christentum zu gewinnen, war zum Scheitern verurteilt. Wie man Levis Ergebenheit oder sogar Selbsterniedrigung gegenüber Wagner auch immer beurteilen mag, beim Versuch der Scheinbekehrung zum Christentum war die Grenze erreicht.

1 Über Cosimas katholische Erziehung siehe Richard Graf Du Moulin Eckart, *Cosima Wagner, Ein Lebens- und Charakterbild*, München u. Berlin 1929, Bd I, S. 40–88. Über Hans von Bülow siehe Kap. VI, Anm. 27.

2 Bereits der Herausgeber Martin Gregor-Dellin betont in seinem Vorwort zu Teil II (S. 9–10) mit Recht den intimen Charakter des Dokuments. Siehe auch Theodor Schieder, „Richard Wagner, das Reich und die Deutschen nach den Tagebüchern Cosima Wagners", *Historische Zeitschrift* 227 (1978), S. 571 f., 585–587.

3 *Tagebücher* Bd II, S. 852; über Paris Bd I, S. 272.

4 Ebenda Bd. I., S. 657, 879.

5 Siehe Jacob Katz, *From Prejudice to Destruction, Anti-Semitism, 1700–1933*, S. 233.

6 *Tagebücher* Bd I, S. 404. Rodenberg wird früher (S. 221) mit dem Namen Julius *Cohen* Rodenberg erwähnt. Rodenbergs ursprünglicher Name war Levi. Er war als Schriftsteller und besonders als Redakteur der *Deutschen Rundschau* bekannt.

7 Hans J. Bach, *Jacob Bernays. Ein Beitrag zur Emanzipationsgeschichte der Juden und zur Geschichte des Deutschen Geistes im 19. Jahrhundert*, Tübingen 1974.

8 *Tagebücher* Bd I, S. 980, 984, 1077, 1081.

9 Ebenda Bd II, S. 126, 578, 617.

10 Ebenda Bd I, S. 386, 488 f., und nach dem Personenregister.

11 Ebenda, S. 769. Über die sonstigen Beziehungen zu Erlanger siehe die Tagebücher nach dem Personenregister.

12 Ebenda, S. 363.

13 *Judentum in der Musik*, S. 12.

14 *Tagebücher* Bd I, S. 786.

15 Ebenda, S. 593.

16 Ebenda, S. 856.

17 Bereits während des Wagner-Streits berief sich Lang (Kap. VII, Anm. 28, S. 2) ganz im Sinne Wagners auf dessen freundschaftlichen Verkehr mit seinen Gönnern, um ihn vor seinen Kritikern zu schützen. Auf moderne Varianten der Apologie, besonders bei Curt von Westernhagen, hat Paul Lawrence Rose („The Noble Anti-Semitism of Richard Wagner", *The Historical Journal* 25, 3 (1982), S. 755) hingewiesen.

18 Siehe Jacob Katz, *From Prejudice* a. a. O. (Anm. 5), S. 270 f.

19 Rubinsteins Brief ist abgedruckt in *Bayreuther Tageblatt*, 12. August 1952, S. 4.

20 *Tagebücher* Bd I, S. 513.

21 Die Beziehungen zu Rubinstein können anhand des Personenregisters der Tagebücher leicht verfolgt werden.

22 Ebenda, S. 577.

23 Ebenda, Bd II, S. 885 f.; siehe auch S. 891.

24 Ebenda, S. 521, 560, 873, 994; Bd II, S. 344.

25 Ebenda Bd II, S. 273, 852.

26 Ebenda Bd I, S. 415–417.

27 Ebenda Bd II, S. 1111.

28 Ebenda Bd I, S. 225, ähnlich S. 470.

29 Ebenda, S. 562.

30 Ebenda Bd II, S. 152.

31 Ebenda, S. 129.

32 Siehe Jacob Katz, *From Prejudice* a. a. O. (Anm. 5), Kap. 20.

33 *Tagebücher* Bd II, S. 236.

34 Ebenda, S. 290, ähnlich S. 273.

35 Ebenda.

36 Meine Zweifel über die richtige Wiedergabe der Unterhaltung durch Cosima sind durch die Unverständlichkeit des Textes und durch die widerspruchsvolle Einstellung Levis bedingt, die er widerspiegeln soll. Ich diskutierte an dieser Stelle mit Dr. Hartmut Zelinsky in München und folge nicht ohne Vorbehalt seiner Interpretation. Über Levis Stellung siehe letztes Kapitel.

37 *Tagebücher*, ebenda.

38 Ebenda.

39 Ebenda, S. 235.

40 Ebenda, S. 258.

41 Mit Nachdruck hat sich Friedrich Naumann gegen die Mischung der Motive gewandt; siehe seinen Aufsatz in Hartmut Zelinsky, *Richard Wagner – ein Deutsches Thema*, Frankfurt 1976, S. 93–96. Siehe auch Dagmar Ingenchag-Goch, *Richard Wagners neu erfundener Mythos*, Bonn 1982, S. 110 f.

42 Erschienen in *Bayreuther Blätter* 1880, wiederabgedruckt in *Gesammelte Schriften und Dichtungen*, Leipzig 1883, Bd 10 S. 273–324.

43 *Tagebücher* Bd I, S. 1073.

44 Ebenda Bd II, S. 728.

45 Ebenda, S. 117. Über christliche Symbole bei Wagner siehe Hans Mayer, *Richard Wagner, Mitwelt und Nachwelt*, Stuttgart u. Zürich 1959, S. 172.

46 Ebenda Bd I, S. 762.

47 Ebenda Bd II, S. 337.

48 Ebenda, S. 526. Wer mit „beiden" gemeint ist, ist mir nicht klar.

49 Ebenda, S. 620.

50 Ebenda, S. 622.

51 Ebenda, S. 659.

52 „Und er spricht erweitert seinen Gedanken über Glauben, Liebe und Hoffen [aus], wie er ihn in dem jüngsten Aufsatz niedergelegt hat"; ebenda.

53 Ebenda, S. 669.

54 Ebenda.

55 Ebenda, S. 754. Siehe die Anmerkung des Herausgebers S. 1256.

56 Ebenda.

57 Ebenda, S. 755.

58 Der Brief ist in den Anmerkungen des Herausgebers abgedruckt; siehe Anm. 55.

59 *Tagebücher* Bd II, S. 755. Wie der Herausgeber vermerkt, ist die Szene in der Wagnerliteratur tendenziös aufgebauscht und entstellt worden, als ob in dem anonymen Brief auf eine intime Beziehung zwischen Levi und Cosima hingedeutet worden wäre. Dafür ist in den Tagebüchern auch nicht der geringste Anhaltspunkt zu finden. Es handelt sich ausdrücklich um das Jude-Sein des Kapellmeisters.

60 Peter Gay („Hermann Levi, Study in Service and Self-Hatred" in seinem Buch *Freud, Jews and other Germans*, New York 1979, S. 189–230) tut Levi unrecht, wenn er den Begriff des Selbsthasses auf ihn anwendet.

NEUNTES KAPITEL

Öffentlicher Antisemitismus

Die meisten der im vorangehenden Kapitel zitierten anti-
jüdischen Äußerungen entstammen der privaten Sphäre
des Wagnerschen Haushalts. Viele bezogen sich jedoch
auf die politische und soziale Öffentlichkeit. So sehr
auch das Ressentiment Wagners persönlichen Motiven
entstammte, die Fülle und Intensität seiner Äußerungen
war durch Reize bedingt, die von öffentlichen Vorgängen ausgelöst waren. Die Reize, die zwischen der Wiederveröffentlichung der Judenbroschüre 1869 und Wagners Tod 1883 wirksam wurden, waren quantitativ und
qualitativ unterschiedlich. Wie wir sahen, fiel das Jahr
der Wiederveröffentlichung in die hoffnungsvollste Periode der deutschen Judenheit, die auf die politischen und
sozialen Konsequenzen des Emanzipationsgesetzes setzte. Die Publikation des „Judentums in der Musik" erschien zu diesem Zeitpunkt als höchst unzeitgemäß, und
mit dem Ablaufen des kurzlebigen Skandals konnte man
die Angelegenheit als beendet betrachten. Wie wir aufgezeigt haben, zweifelte der Verfasser daran, ob der Entschluß zur Veröffentlichung übereilt und unzweckmäßig
gewesen war.

Doch ganz vergessen war das „Judentum in der Musik" nicht. Die scheinbar fehlende Aufmerksamkeit und
die Periode der relativen Ruhe bedeutete ja keineswegs,
daß die Existenz der Juden oder die Problematik, die ihren Eintritt in den nicht-jüdischen Gesellschaftsraum
von Anfang an begleitete, ignoriert wurden. Das Stillschweigen darüber ist vielmehr dem Gefühl zuzuschreiben, daß das Problematische an der jüdischen Existenz,
nämlich ihre auffallende Sonderheit innerhalb der nicht-

jüdischen Gesellschaft, im Begriff war, stetig abzuneh-
men und eine öffentliche Erörterung diesen Prozeß eher
hintertrieben hätte. In der privaten, unpolitischen, sozusagen ästhetischen Sphäre, wie sie besonders in den
Witzblättern zum Ausdruck kam, wurde der jüdische
Menschentyp mehr oder weniger wohlwollend dargestellt.[1] Die Reaktion auf das jüdische Phänomen, die wir
in Wagners Unterhaltungen beobachten konnten, war in
ihrer Schärfe und vor allen Dingen im Ton der Verdammung gewiß ungewöhnlich. Doch die Aufmerksamkeit
für das Jüdische kann in dieser Periode als allgemein angenommen werden.

Ganz fehlen öffentliche Äußerungen über Juden auch
in dieser Periode nicht. Abgesehen von rechtsradikalen
Gruppen um die „Kreuzzeitung", die das Gleichberech-
tigungsgesetz ständig angriffen,[2] erschienen auch in der
ruhigsten Phase der Emanzipation Schriften, die – aus
anderen Motiven – eine kritische Stellung gegenüber den
Juden einnahmen. Constantin Frantz, ein unabhängiger
Publizist, und Paul de Lagarde, ein anerkannter Bibelfor-
scher und Orientalist, brachten wiederholt ihre judenfeindlichen Ansichten zum Ausdruck.[3] Bezeichnend ist,
daß diese wie auch andere Intellektuelle von ähnlicher
Einstellung mit Wagner in Berührung kamen. Mit Frantz
stand Wagner seit langem in Briefkontakt,[4] und auf Lagarde machte Nietzsche Wagner im April 1873 aufmerksam.[5] Drei Jahre später schickte Lagarde eine seiner
Schriften an Cosima.[6] Das Haus Wagner wurde zu einer
Art Magnet für anti-jüdische Publikationen.

Im Mai 1873 veröffentlichte Ottomar Beta in einer
Berliner Zeitschrift eine Aufsatzreihe unter dem Titel:
„Die semitische und die germanische Rasse im neuen
deutschen Reich", die später als Broschüre erschien.[7]
Um dieselbe Zeit wurde das aus dem Französischen
übersetzte Pamphlet „Die Eroberung der Welt durch die

169

Juden" unter dem Pseudonym Osman-Bey herausgegeben.[8] Beide wurden von den Verfassern Wagner zugestellt, von Beta mit der Bitte, ihm seine Schrift widmen
zu dürfen.[9] Zwei Jahre vorher hatte Wilhelm Marr eines
seiner Bücher an Wagner geschickt,[10] der es mit der Bemerkung quittierte, darin seien ihm „mit vieler Schärfe
neue Gesichtspunkte für die Behandlung des Judenthums mir vorgeführt."[11] In den Veröffentlichungen dieser Zeit plädierte Marr noch für die völlige Absorption
der Juden in ihre Umgebung.[12] Als er dann mit dem Beginn der antisemitischen Bewegung auf die Ausschaltung
der Juden aus dem Leben des deutschen Volkes drängte,
sandte er sein berühmt-berüchtigtes Buch „Der Sieg des
Judentums über das Germanentum" und später noch
eine andere Broschüre an Wagner.[13] Es war nicht der
einzige antisemitische Agitator, der diesen Weg ein-
schlug. Otto Glagau schickte drei seiner Veröffentlichungen nach Bayreuth,[14] dasselbe tat auch der Verfasser
„einer Broschüre über Juden, Auszug aus einer Zeitung
‚Deutsche Reichspost'", die Wagner „nicht erfreuliche
statistische Dinge"[15] enthüllte. Offenbar betrachteten sie
alle Wagner als einen Geistesverwandten, und wir werden bald sehen, wie die Organisatoren der antisemitischen Bewegung es für selbstverständlich hielten, daß der
Meister sich mit dem ganzen Gewicht seiner Persönlichkeit für diese Bewegung einsetzte.

Das Bekenntnis zu dieser Wahlverwandtschaft zwischen Wagner und der neuen Bewegung war nicht einsei-
tig. Wagner ließ sich, wie bereits dargestellt, gerne von
den Agitatoren belehren. Beim Empfang der zweiten
Broschüre Glagaus („Nationalliberalismus und Reaktion") notierte Cosima: „Entsetzliches Bild unserer Zustände, R[ichard] sagt, nun wisse er doch endlich wohin
die französischen Milliarden hingekommen wären".[16]
Besonders aufschlußreich ist der Kommentar zu Wil-

helm Marrs „Sieg des Judenthums über das Germanenthum", welches „Ansichten enthält, die ach! R[ichard]s Meinung sehr nahe stehen".[17] Wie bereits beschrieben, stellt diese Schrift vom Winter 1879 einen Höhepunkt der anti-jüdischen Hetze dar, die Mitte des Jahrzehntes einsetzte.[18] Die Jahre 1875–1879 können als die Inkubationsperiode der antisemitischen Bewegung gelten, die durch die Wechselwirkung zwischen der literarischen Agitation gegen die Juden und der positiven Reaktion seitens des Publikums gekennzeichnet ist. Die literarische Fehde begann mit einer relativ harmlosen Artikelserie von Otto Glagau in der populären Zeitschrift „Gartenlaube", deren anti-jüdische Tendenz sich in dem Maße zuspitzte, in dem der Verfasser bei seinen Lesern Zeichen von Zustimmung und Verständnis speziell für den jüdischen Aspekt seiner Zeitkritik entdeckte. Ähnlich erging es anderen Schriftstellern, die in diesen Jahren der wirtschaftlichen Not, die mit dem Börsenkrach von 1873 einsetzte, an den Zuständen und den dafür Verantwortlichen Kritik übten. Wo immer die jüdische Betätigung in der Wirtschaft und auf anderen Gebieten des öffentlichen Lebens für die Not der Zeit verantwortlich gemacht wurde, erhielt dieser Punkt der Kritik ein mehrfaches Echo, das wiederum bewirkte, daß die Kritiker sich immer mehr auf diesen Punkt konzentrierten. Das Pamphlet von Marr aus dem Jahre 1879, mit dessen Diagnose Wagner sich identifizierte, erreichte, wie gesagt, einen Höhepunkt der anti-jüdischen Agitation, insofern als alles Übel der Zeit unter Ausschluß aller anderen Faktoren auf den allmächtigen Einfluß der Juden zurückgeführt und gleichzeitig die Bekämpfung des Judentums als Heilmittel für die Gebrechen der Gegenwart empfohlen wurde.

Übrigens war Wagner selbst keineswegs nur passiver Zuschauer dieses Inkubationsprozesses. Er lieferte in der entscheidenden Phase, in den Jahren 1878–79, seinen eigenen Beitrag durch die Gründung der „Bayreuther Blätter" und durch seine eigenen Publikationen in dieser Monatsschrift.[19] Der eigentliche Zweck der neuen Zeitschrift war, ein zentrales Organ für die zur Unterstützung der Bayreuther Festspiele neu organisierten Wagnervereine zu schaffen. Dem Inhalt nach diente die Zeitschrift der Interpretation und Verherrlichung von Wagners Werken. Unter den Mitarbeitern befanden sich auch Juden aus dem Wagner-Kreis, namentlich Heinrich Porges und Joseph Rubinstein. Gleichzeitig stand die Zeitschrift Schriftstellern von ausgesprochen anti-jüdischer Tendenz zur Verfügung: der Redakteur der Zeitschrift, Hans von Wolzogen, erwies sich als radikaler Judengegner und im Laufe der Zeit als aktiver Förderer der antisemitischen Bewegung.[20]

Wagner selbst sah sich verpflichtet, an der Zeitschrift mitzuarbeiten. Sein erster Beitrag war der Aufsatz „Was ist deutsch",[21] den er im Jahre 1865 zur Aufklärung des jungen Königs Ludwig von Bayern verfaßt hatte.[22] Wie Wagner einleitend in den „Bayreuther Blättern" mitteilt, hatte er die Abhandlung in seinen mit dem Jahr 1872 beginnenden „Gesammelten Schriften und Dichtungen" absichtlich nicht aufgenommen.[23] Aus Cosimas Tagebüchern erfahren wir, daß auch jetzt Bedenken gegen die Veröffentlichung bestanden. „Abends nehmen wir ‚was ist deutsch' vor, zur etwaigen Verarbeitung ... R[ichard] meint, er könne nur immer rückhaltslos die Wahrheit sagen, und ich stimme ihm zu, da uns nur Schweigen oder Wahrhaftigkeit zukäme".[24] Der Aufsatz enthält jedoch nichts Verfängliches, und die Bedenken können sich nur auf die anti-jüdischen Stellungnahmen beziehen, auf die der Aufsatz letzten Endes hinausläuft. Nach seiner Erfahrung mit der Wiederveröffentlichung von „Judentum in der Musik" hatte Wagner sich Zurückhaltung aufer-

legt, und Cosima hätte es, wie schon bei der Judenbroschüre, vorgezogen, sich auch weiter passiv zu verhalten.
„Mir wäre Schweigen das liebste, R[ichard] wohl auch,
doch die Berufung von H.v. W. [Hans von Wolzogen]
und dadurch die Blätter zwingen zu sprechen".[25] Die
Verbindung mit Hans von Wolzogen veranlaßte, daß
Wagner sich nach neunjähriger Zurückhaltung gegenüber den Juden wieder öffentlich äußerte. Doch wie anders waren die Umstände. 1869 hatte eine anti-jüdische
Stellungnahme in der Öffentlichkeit noch als Entgleisung
gegolten. Jetzt, 1878, bedeutete es nicht mehr als den
Anschluß an den immer stärker werdenden Strom der
anti-jüdischen Agitation.

Inhaltlich griff der Aufsatz auf die Idee Fichtes von
der Ursprünglichkeit des deutschen Geistes zurück, der
sich reiner erhalten konnte als der der Franzosen,[26] bis er
– und das ist Wagners Zusatz – durch das Eindringen der
Juden zum Zerrbild seiner ursprünglichen Form geworden war. Die Fähigkeit der Juden sei es, sonst unerkann-
te Vorteile im Leben der europäischen Völker für sich
wahrzunehmen. In Polen und Ungarn sei der Handel in
ihren Händen. Mit der modernen Entwicklung eröffne-
ten sich allen Völkern Vorteile aus dem richtigen „Verhältnis der Arbeit zum Kapital", doch blieben sie ungenutzt und es seien die Juden, die sich ihrer bemächtigten.
Eine Besonderheit des Deutschen şei es, den Vorteil der
„Innigkeit und Reinheit seiner Anschauungen und Empfindungen" und der daraus entstandenen „Dichtkunst
und Musik" zu ignorieren und „namentlich für sein öf-
fentliches und Staatsleben" ungenutzt zu lassen. „Der
Jude korrigierte dieses Ungeschick der Deutschen, indem er die deutsche Geistesarbeit in seine Hand
nahm."[27] Ursprünglich auf den Geschmack des Bayern-
königs zugeschnitten, enthält die Abhandlung auch die
politische Verurteilung der „übersetzten französisch-

173

jüdisch deutschen Demokratie," die „dem verkannten und verletzten deutschen Volksgeiste" von der Presse aufgedrängt worden sei.[28]

In seinem Nachwort erging sich Wagner über seine vergeblichen Versuche, mit seiner Musik bei den Siegesfeierlichkeiten nach dem Deutsch-Französischen Krieg den deutschen Geist zu vertreten. Es sei ihm allmählich im neuen „Reiche ... sonderbar zu Muthe" geworden, was ihn dann auch gehindert hätte, der Frage „was ist deutsch" noch einmal nachzugehen. Nach Andeutung über die Symptome des jüdischen Einflusses auf das öffentliche Leben im Reich schloß Wagner mit der Aufforderung an Paul de Lagarde und Constantin Frantz, die er als geistesverwandt erklärte, „sich der Beantwortung der verhängnisvollen Frage anzunehmen".[29]

Ob Lagarde auf diese Anregung reagiert hat, ist nicht bekannt.[30] Frantz dagegen nahm die Gelegenheit wahr, seine Ansichten in den „Bayreuther Blättern" (März 1878) zu wiederholen. Seine Ablehnung des neuen Reiches war noch viel radikaler und grundsätzlicher als die Wagners. Der deutschen Tradition entsprechend hätte das deutsche Reich im Dienste der universalen Idee der Christenheit stehen müssen. Da bei seiner Gründung und der Formulierung seiner Verfassung auf die christliche Verbindlichkeit verzichtet worden wäre, sei der neue Staat „im vollen Zuge ... sich als ein *deutsches Reich jüdischer Nation* zu entpuppen". In seiner Hauptstadt stehe bereits „das Kommunalleben, wie das wirtschaftliche und geistige Leben ganz unter jüdischem Einfluß". Statt christlich gebärde sich das neue Reich deutschnational. „Wenn wir so durchaus deutsch-national werden wollen, stoßen wir doch zuvörderst das Judentum aus, welches sich als Bandwurm in unseren Körper eingenistet".[31]

Wie der von positiv christlichen Voraussetzungen ausgehende Aufsatz von Constantin Frantz darstellt, wurden die „Bayreuther Blätter" zu einem Sammelplatz antijüdischer Autoren verschiedener Observanz. Nachdem er seine Hemmungen überwunden hatte, kam Wagner in seinen Beiträgen in den „Bayreuther Blättern" wiederholt auf das Judenthema zurück, einmal um den jüdischen Anspruch auf Originalität in der Führung der modernen Welt aufs Korn zu nehmen,[32] ein andermal, um sich für die Entjudaisierung des Christentums und die Ablehnung jeglichen Zusammenhanges zwischen „unserem Heiland" und „dem Stammesgott Israels" einzusetzen. Dabei steigerte er sich zu höchst demagogischen Äußerungen: „Wir müssen es erleben, daß der Christengott in leere Kirchen verwiesen wird, während dem Jehowa immer stolzere Tempel mitten unter uns erbaut werden."[33]

Wagners Aversion gegen den Anblick von Synagogen kam bei seinem Besuch in Nürnberg im Juli 1877 zum Vorschein. Die Besichtigung der Kirchen der Stadt versetzte das Ehepaar in „Meistersingerstimmung". Dann heißt es: „Leider auf dem H[ans] Sachs-Platz sehr gestört durch die Synagoge, insolent protzig."[34] Das Erlebnis hinterließ Spuren, denn im Aufsatz „Wollen wir hoffen" berichtete Wagner vom erfolglosen Versuch, aus den Einkünften der Aufführung der „Meistersinger" die Errichtung eines Hans-Sachs-Denkmals zu finanzieren, und schloß: „Dem Denkmal des Hans Sachs gegenüber stellt sich aber in Nürnberg eine imposante Synagoge reinsten orientalischen Styles auf."[35] Als dann später die Antisemiten Sondergesetze gegen die Juden vorschlugen, meinte Wagner „jetzt sei nichts zu machen", mit einer Ausnahme: „Er R[ichard] würde aber die jüdischen Festtage verbieten ... und die prahlerischen Synagogen."[36]

Bei dieser Einstellung müssen die „Bayreuther Blätter" zu den Faktoren gezählt werden, die der antisemitischen

Bewegung den Weg bahnten. Daran ändert auch die Tatsache nichts, daß Wagner, um seinen Förderern entgegenzukommen, gelegentlich bestätigte, daß es Ausnahmejuden gebe. „Diese haben sich aber von den modernen Welteroberungskämpfen ihrer ehemaligen Glaubensgenossen durchaus abgewendet, ja, sogar sich sehr ernstlich z. B. mir befreundet."[37]

Die vier- bis fünfjährige Inkubationsperiode brachte schließlich die sogenannte Berliner Bewegung unter der Führung des Hofpredigers Adolph Stöcker hervor. Wie bekannt begann die antisemitische Tätigkeit Stöckers mit einer am 19. September 1879 in Berlin gehaltenen Rede, in der ihm seine Zuhörerschaft bei seinen demagogisch zugespitzten Ausfällen gegen die jüdischen Anmaßungen zujubelte.[38] Diese Begeisterung stand im krassen Gegensatz zu der kühlen Aufnahme seiner früheren Ansprachen, die nur von der christlich-sozialen Idee handelten, mit der er die Berliner Arbeiterschaft für seine neugegründete Partei gewinnen wollte. Aufgrund dieser Erfahrung änderte Stöcker den Kurs seiner politischen Agitation, gab die Konkurrenz zur sozialdemokratischen Partei auf und sammelte nun Elemente um sich, die unter dem eben aufkommenden Schlagwort des Antisemitismus die Bekämpfung des Judentums zu ihrem Ziel erklärt hatten.

Die Nachricht über die Vorgänge in Berlin verfehlte nicht ihre Wirkung auf das Ehepaar in Bayreuth. Am 11. Oktober notierte Cosima: „Ich lese eine sehr gute Rede des Pfarrers Stöcker über das Judentum. R[ichard] ist für völlige Ausweisung. Wir lachen darüber, daß wirklich, wie es scheint, sein Aufsatz über die Juden den Anfang dieses Kampfes gemacht hat."[39] Die Tatsache, daß Wagner gleich mit einem praktischen Vorschlag – mit der völligen Ausweisung der Juden – bei der Hand war, zeigt, daß er den Auftritt Stöckers richtig als den Übergang von bloßer Agitation zum politischen Handeln interpretierte. Erfreut über diese Entwicklung, war er bereit, sie als Erfolg seiner anti-jüdischen Broschüre zu buchen. Zwei Monate später sagte er: „Von ‚Was ist deutsch‘, und dem Aufsatz von C. Frantz aus ist vieles ausgegangen in der Judenfrage"[40] und nahm damit für sich seinen Ehrenplatz unter den Antisemiten in Anspruch. Beide Ansprüche – so sehr auch Wagner seiner Gesinnung nach die „Ehrung" zustünde – sind historisch kaum gerechtfertigt. Vom „Judentum in der Musik" waren gewisse Anregungen für Gleichgesinnte ausgegangen, aber eine breitere Wirkung war ihm zu dieser Zeit versagt geblieben. Die fünf Jahre später aufflackernde Agitation gegen die Juden nährte sich aus völlig anderen Quellen. Als der Aufsatz „Was ist deutsch" erschien, war die anti-jüdische Strömung bereits im Anschwellen. Ein Beitrag in der für den beschränkten Kreis der Wagnerianer bestimmten Publikation konnte also kein entscheidendes Gewicht gehabt haben. Die antisemitische Bewegung hätte ohne Zweifel auch ohne die Mitwirkung der „Bayreuther Blätter" ihren Weg angetreten.

Nach der Konsolidierung der Bewegung in den Jahren 1879–1881, als ihre Führer zu konkreten politischen Aktionen schreiten wollten, besann man sich auf Richard Wagners anti-jüdische Äußerungen und versuchte, ihn als Persönlichkeit von besonderem Gewicht für die Zwecke der Bewegung zu gewinnen. Die Ironie der Situation war, daß bei dieser Gelegenheit Wagner – trotz seiner Ansprüche auf Urheberschaft – seine Mitarbeit versagte, eine Tatsache, die für die Beurteilung seines Charakters vielleicht noch schwerer wiegt als seine Ambivalenz gegenüber seinen jüdischen Gönnern.

Gelegenheit zur Bewährung als Antisemit bot sich Wagner, als Dr. Bernhard Förster, ihm bekannt als Mitarbeiter an den „Bayreuther Blättern", ihn zur Unterschrift der sogenannten Juden- oder Antisemitenpetition aufforderte.[41] Die Petition verlangte die Revision der Judenemanzipation – keine Aufhebung aber Einschränkung der bürgerlichen Rechte der Juden – und sollte dem Reichskanzler vorgelegt werden. Sie erhielt 225 000 Unterschriften, aber kaum die Zustimmung gewichtiger Persönlichkeiten. Daß Hans von Bülow auf Bitten von Dr. Förster und auf Drängen von Hans von Wolzogen seinen Namen für die Sache hergab, galt als große Errungenschaft.[42] Engste Mitarbeiter des Bayreuther Kreises gehörten also zu den Initiatoren der Petition. Die Aufforderung an Wagner, den Abgott des Kreises, verstand sich also von selbst. Sie erreichte Wagner am 16. Juni 1880. Hier Cosimas Notiz darüber: „Er wird aufgefordert eine Petition an den Reichskanzler zu unterschreiben behufs Ausnahme-Gesetze gegen die Juden, er unterschreibt sie nicht, 1. habe er das Seinige getan, 2. wende er sich ungern an Bismarck, den er als leichtsinnig, seinen Capricen nur folgend erkannt habe, 3. sei in der Sache nichts mehr zu machen."[43] Wie Wagners Antwort an die Ansuchenden lautete, ist nicht überliefert. Möglicherweise war die Aufforderung diesmal nur mündlich vorgebracht worden. Einige Wochen später erreichte ihn eine „erneute Bitte" von Dr. Förster mit dem Wortlaut der geplanten Petition. Wagner war empört über die „devoten Ausdrücke" an die Adresse des Reichskanzlers. Als Antwort benutzte er eine Ausrede: Das Schicksal der Petition in Sachen Vivisektion hätte ihn gelehrt, nie wieder eine andere zu unterschreiben.[44]

Ein indirektes Urteil über das Verhalten Wagners in der Angelegenheit kam von Hans von Bülow und ist von Cosima treu überliefert. Bülow sah die an ihn ergangene Aufforderung zur Unterschrift als einen „Appell an meinen bürgerlichen Muth" und fügte seinem Brief an Hans von Wolzogen hinzu: „Da derselbe notorisch werden wird – ist dies doch recht eigentlich der Zweck –, so darf ich mich auf eine gewisse Verfehmtheit in der Presse ebensowohl gefaßt machen als auf eine Reduktion meiner Conzerteinnahmen um mindestens 50 p.c. Es ist ein auf allen meinen Reisen bestätigtes Faktum, daß Sem und Hebron das empfänglichste und ausgebendste Publikum in die Konzerte liefert, noch mehr, daß von ihrer Betheiligung die der Nichtsemiten völlig abhängig ist."[45] Stellte sich Bülow mit dieser Aussage selbst ein Zeugnis der Charakterfestigkeit und der Aufrichtigkeit aus, so gibt sie gleichzeitig Auskunft über die entscheidende Rolle, die die jüdische Minorität im Musikleben der Zeit spielte, und somit auch die Antwort darauf, warum Richard Wagner sich hütete, ostentativ als Antisemit aufzutreten. Als Bülow hörte, daß Wagner die Unterschrift verweigert hatte, reagierte er „mit einer Flut von Auslassungen gegen Bayreuth... namentlich gegen Wolz., welcher ihn verleitet habe, die Juden-Petition zu unterschreiben, während er sehe, daß R[ichard] sich zurückzöge, gut mit den Juden stünde."[46]

Bülows Entrüstung wird nicht das einzige Zeichen gewesen sein, aus dem Wagner entnehmen konnte, daß seine Zurückhaltung gegenüber der neuen Bewegung unverständlich und widerspruchsvoll erscheinen mußte.[47] Jedenfalls entschloß er sich zu einer Klarstellung seiner Haltung, die in dem in den ersten Monaten des Jahres 1881 entstandenen Aufsatz „Erkenne dich selbst" ihren Niederschlag fand. Der Adressat der Aufforderung im Titel war das deutsche Volk, das, zur Besinnung auf die eigene Geschichte aufgerufen, den tieferen Sinn „der heutigen Bewegung gegen die Juden ... das späte Wiedererwachen eines Instinktes" erkennen sollte. Er selbst habe ja bereits seit 30 Jahren „die Unbefähigung der Juden zur produktiven Theilnehmung an unserer Kunst in Erwägung" gebracht und sei dabei auf schweren Widerstand gestoßen, während jetzt, nach der gesetzlichen

Gleichstellung der Juden, Proteste „in populär-rauher Fassung vom Gebiete des bürgerlichen Verkehrs und der staatlichen Politik her laut werden".[48]

Der Instinkt des Volkes erhebe sich also gegen „die an die Juden ertheilte Vollberechtigung, sich in jeder erdenklichen Beziehung als Deutsche anzusehen – ungefähr wie die Schwarzen in Mexiko durch ein Blanket autorisiert wurden, sich für Weiße zu halten".[49] Mit diesem Vergleich hatte Wagner die Judenemanzipation sozusagen für naturwidrig erklärt und damit die Grundtendenz der antisemitischen Bewegung, die auf die Revision des Emanzipationsgesetzes hinauslief, bejaht. Warum also blieb er der Bewegung gegenüber passiv? Die Antwort darauf ergibt sich aus Wagners Aufforderung, sich auf die tieferen Gründe zu besinnen, die die Zulassung der Juden ermöglichte. Statt gegen die Judenemanzipation Sturm zu laufen, solle man ihre Grundlagen beseitigen, und hier, erklärte Wagner, sei er mit am Werk. Zwei Faktoren hätten den Juden den Weg gebahnt. Erstens räume die Verbindung des Christentums mit der alttestamentarischen Überlieferung den Juden gleiche Rechte mit den Anhängern der anderen Konfessionen ein. Nachdem die Kirche den Juden die religiöse Legitimation verliehen habe, akzeptiere der moderne Staat die Rolle des Garanten für Besitz, Geld und Kredit, und der größte Nutznießer dieser Garantie sei notwendigerweise der Inhaber all dieser Dinge, der Jude. All das sei, zweitens, möglich geworden durch die Selbstentfremdung des deutschen Geistes, an dessen Erneuerung jedoch bereits gearbeitet werde – nämlich durch das künstlerische Lebenswerk des Verfassers. Mit dem Aufstieg des deutschen Geistes durch Erfüllung des Gebotes „Erkenne dich selbst" würden alle Auswüchse des herrschenden Systems wie ein böser Traum verschwinden. Dann aber „wird es auch – keinen Juden mehr geben."[50]

Formell ähnelt dieses Rezept zur Behandlung der Judenfrage dem von Karl Marx und mag wirklich von ihm beeinflußt worden sein. Auch Marx verwarf ein direktes Angehen des Judenproblems und erwartete seine Lösung durch eine Änderung des Systems, dem die jüdische Existenz entsprungen war. Während aber bei Marx das Verschwinden des Juden nur seine speziell jüdische Funktion und Mentalität betrifft, der Mensch Jude dagegen in der verwandelten menschlichen Gesellschaft verbleibt, ist bei Wagner das Schicksal der Juden in Dunkel gehüllt. Es handelte sich ja auch bei Wagner keineswegs um eine konsequent durchdachte Konzeption zur Lösung der Judenfrage. In Wirklichkeit fehlte ihm eine klare Vorstellung darüber, was mit den Juden geschehen solle. So verstrickte er sich in Widersprüche, und seine Auslassungen in „Erkenne dich selbst" sollten ihn lediglich vor dem Vorwurf retten, daß er, der die antisemitische Bewegung mit vorbereitet hatte, bereits beim ersten praktischen Schritt vor den Konsequenzen zurückschrecke. Sein Alibi war also: Er bemühe sich in einer höheren Sphäre um eine viel weitgreifendere Lösung des Problems, die aber vorläufig niemandem, auch nicht seinen jüdischen Gönnern, weh täte.

Sehr bald sollte Wagner Gelegenheit haben, den apologetischen Zweck seines Aufsatzes praktisch zu verwerten. Sein neuester jüdischer Verehrer, Angelo Neumann, war seit einiger Zeit bemüht, den „Ring der Nibelungen" in Berlin aufzuführen. Im Februar 1881 erhielt Neumann eine Warnung von Georg Davidsohn, dem „verdienten Publizisten, dessen freundschaftliche Beziehungen zu Bayreuth wohlbekannt" waren, daß die Antisemiten bemüht seien, Richard Wagner als ihren Hauptapostel zu proklamieren. Sollte sich Wagners Beteiligung an der antisemitischen Agitation bewahrheiten oder auch nur Glauben finden, wäre eine „ernste Gefahr für das Berliner Unternehmen" zu befürchten.[51] Die Zeiten, in denen die Berliner Juden trotz des „Judentums in der Musik" als versöhnlich galten, waren vorbei. Literarisches Geplänkel konnte man dem großen Künstler verzeihen. Doch die Antisemiten waren, wie ihre Petition bewies, auf die direkte Schmälerung der jüdischen Rechte aus. Eine Beteiligung Wagners hätte ihm die Unterstützung seiner Berliner jüdischen Gönner und die Gunst des jüdischen Publikums gekostet. Neumann bat also in einem Brief an Cosima um eine entsprechende Aufklärung aus dem Munde des Meisters. Diese ließ nicht lange auf sich warten und lautete: „Der gegenwärtigen ‚antisemitischen' Bewegung stehe ich vollständig fern; ein nächstens in den Bayreuther Blättern erscheinender Aufsatz von mir wird dies in einer Weise bekunden, daß *Geistvollen* es sogar unmöglich werden dürfte, mich mit jener Bewegung in Beziehung zu bringen".[52] Wagner vertraute also darauf, daß sein Bekenntnis in „Erkenne dich selbst" seine Distanzierung von der Bewegung bekunden würde. Cosima fügte noch hinzu, daß sie und ihr Mann versuchen wollten, „die von Ihnen gewünschten Winke erteilen zu lassen"[53], d. h. den Antisemiten zu bedeuten, die Berufung auf Wagners Namen zu unterlassen. Der Antisemitismus Wagners war also auf den Hausgebrauch und auf ideologischen Auslauf beschränkt.

In der Wagner-Literatur wurde seine Absage an die Antisemiten oft zu Wagners Gunsten interpretiert und auf jeden Fall auf ehrbare Motive, z. B. auf seine Antipathie gegen das Parteigetriebe der Bewegung zurückgeführt.[54] Man konnte diese Ansicht vielleicht vertreten, solange man nicht mit den Gedankengängen, mit denen Wagner das Aufkommen der Bewegung begleitete, vertraut war. Seitdem wir anhand der Tagebücher seine Freude über die Wirkung der Bewegung und sogar seinen Stolz auf den eigenen Beitrag zu ihrer Entstehung kennen, kann das Urteil nicht anders lauten als das von Hans von Bülow. Der Meister habe zwar das Feuer geschürt, aber andere sich daran die Finger verbrennen lassen.

Wagners Verhaltensweise war dadurch bestimmt, daß er auf die Hilfeleistung seiner jüdischen Anhänger und Bewunderer nicht verzichten wollte. Diese Rücksichtnahme stand nicht nur im Widerspruch zu dem, was Wagner im Interesse des Gemeinwohles für richtig hielt, sondern auch zu den Gefühlen, die er für seine ihm so treuen Gehilfen übrig hatte. Wie bewußt ihm dieser Widerspruch gerade in dieser Zeit der zugespitzten Gegensätze war, geht aus seinem Bekenntnis in einem Brief an König Ludwig II. hervor, der weit davon entfernt war, Wagners Ansichten über Juden zu teilen und dem Wagner seine eigene Einstellung verständlich zu machen suchte. Das Wohlwollen des Königs gegenüber Juden beruhte darauf, daß „diese Leute nie seine Königliche Sphäre streifen". Sie seien für den König ein bloßer Begriff. Für ihn, Wagner, seien die Juden aber „eine Erfahrung", vom Schicksal auferlegt. „Der Direktor Angelo Neumann hält sich für berufen, meine Anerkennung durch die ganze Welt durchzusetzen. Ich kann gar nichts mehr dazu sagen, und muß mir die Energie der jüdischen Protektion gefallen lassen, so wunderlich mir dabei zu Muthe wird."[55] Wunderlich deshalb, weil er gleichzeitig bekennen mußte, „daß ich die jüdische Rasse für den geborenen Feind der reinen Menschheit und alles Edlen an ihr halte, daß namentlich wir Deutschen an ihnen zu Grunde gehen werden, ist gewiß, und vielleicht bin ich der letzte Deutsche, der sich gegen den bereits alles beherrschenden Judaismus als künstlerischer Mensch aufrecht zu halten wußte."[56]

Die Fähigkeit, durch ideologische Verbrämungen existentielle Spannungen und Spaltungen zu überdecken, ist hier zur intellektuellen Perversität gediehen.

Wagner zeichnete sich in seinem ganzen Werdegang durch Unbekümmertheit um die logische Geschlossenheit seiner weltanschaulichen Argumentation aus. In der letzten Phase seiner Entwicklung erscheint diese Eigenheit mit besonderer Schärfe. So bediente er sich in dieser Zeit auch in seiner Judenfeindseligkeit zweier disparater Motive, der unüberbrückbaren Kluft und grundsätzlichen Wesensverschiedenheit zwischen Judentum und Christentum und der Verknüpfung der kollektiven Eigenschaften der Juden mit dem Begriff der Rasse.

Zwar heißt es bereits im „Judentum in der Musik", daß der Jude „bekanntlich einen Gott ganz für sich hat",[57] doch werden hier aus dieser religiösen Sonderheit der Juden keine Konsequenzen gezogen. Hier wird im Gegenteil der religiöse Gegensatz zwischen Juden und Christen bagatellisiert, („in der Religion sind uns die Juden längst keine hassenswürdigen Feinde mehr")[58], wie ja in dieser Phase des Feuerbachschen Einflusses der Religion keine gestaltende Kraft zugeschrieben wurde. Das änderte sich in den siebziger Jahren, in denen das unkirchliche Christentum verherrlicht, aber bedauert wurde, daß es „auf das Judentum aufgepropft sei".[59] „Die christliche Lehre lehnt sich an die jüdische Religion an, und das ist ihr Unheil."[60] Die Aufgabe wäre „die Offenbarung vom Alten Testament zu reinigen",[61] das nie hätte akzeptiert werden sollen. Der historische Zusammenhang der beiden Religionen sei rein äußerlicher Natur. Die jüdische Stammesangehörigkeit von Jesus sei nicht erwiesen, und Jesus als Juden zu bezeichnen „sei ungefähr, wie wenn einer sagte, Mozart käme den Salzburgern zu gute".[62] Ihre Sündenlehre sei erbärmlich, und ihnen seien die Tore „zu den mystischen Dingen" verschlossen; ob sie überhaupt erlöst werden könnten, sei fraglich, denn „ihr Wesen verurteilt sie zur Realität der Welt".[63]

Diese in der Stille des Hauses Wahnfried gesprochenen Worte spiegeln sich auch in Wagners Publikationen wider. In dem 1878 veröffentlichten Aufsatz „Publikation und Popularität" heißt es: „Daß der Gott unseres Heilands uns aus dem Stammgotte Israels erklärt werden sollte, ist eine der schrecklichsten Verirrungen der Weltgeschichte."[64] In „Erkenne dich selbst", das Wagners Distanzierung gegenüber dem Antisemitismus dokumentieren sollte, schrieb er: „In Wahrheit hat er [der Jude] gar keine Religion, sondern nur den Glauben an gewisse Verheißungen seines Gottes, die sich keineswegs, wie in jeder wahren Religion, auf ein außerzeitliches Leben über dieses sein reales Leben hinaus, sondern auf eben dieses gegenwärtige Leben auf der Erde einzig erstrekken, auf welcher seinem Stamme allerdings die Herrschaft über alles Lebende und Leblose zugesichert bleibt."[65] Während sich in der ersten antijüdischen Phase Wagners die traditionelle Kritik am Judentum hinter einer quasi-säkularen Weltanschauung versteckte, so erschien sie nach seiner zwar unkirchlichen, aber christlichen Wandlung in ihrem ursprünglichen Zusammenhang, als der Ausdruck des althergebrachten Antagonismus zwischen Judentum und Christentum.

Das Paradoxe an dieser Erscheinung ist, daß gerade in diesem Zeitabschnitt das Konzept der Rasse in die Begriffswelt Wagners trat, und ihm damit ein rein weltliches Denkmittel zur Verfügung stand, das die religiöse Begründung seines Anti-Judaismus erübrigt hätte. Der Ausdruck Rasse war Wagner selbstverständlich auch früher nicht fremd und wurde von ihm – wie von allen Zeitgenossen – gelegentlich als Synonym von Stamm, Volk, Menschheit usw. und keineswegs speziell auf Juden bezogen verwendet. Als bewußt gebrauchte Konzeption zur Deutung historischer Vorgänge begegnete Wagner dem Begriff erst nach seiner Bekanntschaft mit dem Grafen Gobineau im Dezember 1876 in Italien. Eine wirkliche Annäherung zwischen den beiden und eine intensive Beschäftigung Wagners mit Gobineaus Schriften begann erst gegen Ende des Jahres 1880. Von diesem Zeitpunkt an wurde „die Theorie von den Rassen" im Hause Wagner öfters erörtert, aber keineswegs kritiklos aufgenommen.[66] „Bei Tisch explodiert er förmlich zu Gunsten des Christlichen gegenüber dem Rassegedanken."[67] In dem der Theorie Gobineaus gewidmeten Aufsatz „Heldenthum und Christenthum" heißt es: „Das Blut des Heilands, von seinem Haupte, aus seinen Wunden am Kreuze fließend – wer wollte frevelnd fragen, ob es der weißen, oder welcher Rasse sonst angehörte."[68]

Wagner akzeptierte Gobineaus Theorie über den Verfall des Menschengeschlechtes durch Rassenmischung – die Verdorbenheit der Menschheit gehörte ohnehin zu seinen Lieblingsvorstellungen – korrigierte sie aber sozusagen durch die Lehre von der christlichen Erlösung, an der er seit langem festhielt. Parallel zu diesem Glauben, der sich auf die gesamte Menschheitsgeschichte bezog, erkannte er im Aufsatz „Erkenne dich selbst" dem deutschen Volk die Rassenreinheit ab – die Vergewaltigung deutscher Frauen durch die fremden Horden des Dreißigjährigen Krieges allein hätte der Reinheit der Rasse Abbruch getan.[69] Übriggeblieben sei der „Geist seiner Menschlichkeit", der, getragen von der ungebrochenen „Sprache seiner Urväter", die Möglichkeit offen lasse, „aus dem Brunnen unserer eigenen Natur zu schöpfen".[70] Werde diese Möglichkeit wahrgenommen, so dürfe sich der Deutsche „nicht mehr als eine Rasse, als eine Abart der Menschheit, sondern als ein Urstamm der Menschheit" empfinden. Dieses Werk sei den „großen Männern und geistigen Helden" aufgetragen, unter denen selbstverständlich Richard Wagner an erster Stelle stand. Parallel zum christlichen Erlöser der Vorzeit erscheine nun der Erneuerer der Gegenwart, und auch sein Werk transzendiere die Rasse und umfasse die gesamte Menschheit.

Nur ein Zweig der Menschheit, die Juden, blieben von der Regeneration wie schon von der Erlösung der Urzeit unberührt. Diese seien das „erstaunlichere Beispiel der Rassen-Konsistenz... des sicheren Instinkts seiner absoluten und unverwischbaren Eigenartigkeit". Unerlöst und unregeneriert stellten sie den „plastischen Dämon des Verfalls der Menschheit in triumphierender Sicherheit dar".[71] Nur auf die Juden angewendet macht Wagner vom neugewonnenen Begriff der Rasse Gebrauch, um die Beständigkeit ihrer Verkommenheit zu begründen. Doch der Glaube an die jüdische Verdorbenheit assoziierte den Begriff der Rasse, und nicht der Rassenbegriff den Glauben an ihre Verkommenheit – wie die weitverbreitete Ansicht über den Rassen-Antisemitismus im allgemeinen und den Judenhaß Wagners im besonderen es haben möchte.[72] Gerade der Fall Wagner beweist, daß der Antisemitismus seine historischen Quellen und seine psychologischen und soziologischen Vorbedingungen haben muß, um zu seiner Rechtfertigung begriffliche Hilfsmittel wie die Konzeption der Rasse heranzuziehen. Nachträglich mag die Verbindung mit dem Rassenbegriff den Antisemitismus erhärten und im extremen Fall der Vernichtung der unverbesserlichen Rasse moralischen Vorschub leisten. Das ist das, was am Ende der Entwicklung geschah, die mit der Verbindung der Idee der Rasse mit dem Antisemitismus im 19. Jahrhundert begann. Zwangsläufig war diese Entwicklung nicht. Es gab viele Zwischenstufen, die trotz der Verwendung des Rassenbegriffs für die Begründung des Antisemitismus die Lebensberechtigung der Juden nicht in Frage stellte.[73]

Bei Richard Wagner fehlt jedes Zeichen dafür, daß die Übernahme des Rassenbegriffs seine immer schon schwankende Vorstellung von dem, was mit den Juden geschehen solle, beeinflußt habe. Wenn er in „Erkenne dich selbst" von der „blutmäßigen Vermischung" sprach, („vermische sich männlich oder weiblich mit den ihm fremdartigen Rassen, immer kommt ein Jude wieder zu Tage")[74], so ist seine Ablehnung der Mischehe schon im Jahre 1873 bezeugt. Darüber entstand ein Streit mit dem Dekan der Bayreuther Kirche, der die Auffassung vertrat, „gemischte Ehen seien die Lösung des Problems. R[ichard] behauptet: Dann würde es keine Deutschen mehr geben, das deutsche blonde Blut sei nicht kräftig genug, um dieser ‚Lauge' zu widerstehen, wir sehen ja, wie die Normannen und Franken zu Franzosen geworden seien, und das jüdische Blut sei noch viel korrosiver als das romanische."[75] Diese Ablehnung der biologischen Vermischung widerspricht dem auf der ideologischen Ebene gemachten Zugeständnis, daß Juden, die die jüdische Mentalität völlig abgelegt haben, in die nicht-jüdische Gemeinschaft eingehen können. Von diesem Zugeständnis rückte Wagner auch in der letzten Phase seiner Entwicklung nicht ab. Im Januar 1879, also zu einer Zeit, als er die öffentliche Anprangerung der Juden wieder aufgenommen hatte, entwickelte er in einem Gespräch mit Hermann Levi die bereits erwähnte These über die Hindernisse auf dem Weg zur allgemeinen Absorption der Juden. Der Grund dafür sei, „daß sie zu früh in unsere Kulturzustände eingegriffen haben, daß das allgemein Menschliche, welches aus dem deutschen Wesen sich hätte entwickeln sollen, um dann auch dem Jüdischen zugute zu kommen, daß dies in seiner Entfaltung aufgehalten worden ist durch die frühzeitige Einmischung in unsere Angelegenheiten, bevor noch daß wir gewußt, wer wir seien."[76] Das war keine zufällige Bemerkung, da Wagner Ähnliches einige Wochen früher gesagt hatte: „Persönlich habe [er] die besten Freunde unter den Juden gehabt, aber ihre Emanzipation und Gleichstellung, bevor wir Deutschen etwas waren, sei verderblich gewesen."[77] Dieser zumindest theoretischen Bereitschaft zur Aufnahme der Juden stand jedoch sein elementar empfundener Abstand zu Juden gegenüber. Die Beziehung zum befreundeten Levi bietet ein geradezu groteskes Beispiel dafür.

Nach dem gescheiterten Versuch, Levi zur Taufe zu bewegen, sprachen die Wagners über das Vorgefallene und kamen überein, „daß diese fremdartige Rasse nie ganz in uns aufgehen kann. R[ichard] erzählte mir (und ich schreibe es hier nieder, weil er ohne jeden Hohn mit tiefstem Ernst zu wiederholten Malen es mir sagte) daß, wie unser Freund sich ihm bescheidentlich nahte, ihm die Hand küßte, er R[ichard] ihn sehr innig und herzlich umarmte und dabei an der Emanation mit der ungeheuersten Prägnanz dessen inne wurde, was Rassen-Verschiedenheit und Trennung ist." Cosima schloß mit dem Satz: „Und so ist den guten Juden unter uns immer ein wehmütiges Los beschieden".[78] Und dies besonders nach dem mißlungenen Versuch, Levi doch noch durch das Sakrament der Taufe stärker an die Wagner-Gemeinde zu binden.

Der Rassenbegriff verlieh dem Fremdheitsgefühl gegenüber Juden, auf das sich Wagner schon immer berief, eine gewisse Schärfe, ohne jedoch aus ihm weder in der privaten noch der öffentlichen Sphäre eine widerspruchslose Verhaltensweise abzuleiten. Wenn es um die Frage ging, was nun mit den Juden geschehen solle, blieb es, wie wir bereits sahen, bei gelegentlichen Einfällen wie Verbrennen, Ausweisen oder Verbot der öffentlichen jüdisch-religiösen Betätigung.[79] Neben solchen Erwartungen stehen resignierend Äußerungen, daß in der Judenfrage nichts mehr zu machen sei und daß die Deutschen an den Juden zugrunde gehen werden und vielleicht es auch verdienen, zugrunde zu gehen.[80] Immerhin sind Einfälle des Augenblicks über mögliche Aktionen gegen die Juden ein deutlicher Hinweis dafür, welche Konsequenzen die leidenschaftliche Verneinung der jüdischen Existenz haben kann. In diesem Sinne sind Wagners Gedankengänge in der Tat eine Vorwegnahme zukünftiger Schrecken.

1 Siehe den aufschlußreichen Artikel Henry Wassermanns, „The Fliegenden Blätter", *Leo Baeck Institute Year Book* XXVIII (1983), S. 93–138.

2 Siehe Jacob Katz, *From Prejudice to Destruction, Anti-Semitism, 1700–1933*, Kap. 17 („The Conservatives' Rearguard Action").

3 Über Frantz siehe Johanna Philippson, „Constantin Frantz", *Leo Baeck Institute Year Book* XIII (1968), S. 102–119. Über Lagarde siehe Fritz Stern, *The Politics of Cultural Dispair*, Berkeley 1961, S. 3–36.

4 Philippson (Anm. 3), S. 105.

5 *Tagebücher* Bd I, S. 668.

6 Ebenda, S. 966.

7 Die Aufsätze sind nach Angaben des Herausgebers der Tagebücher (Bd I, S. 1192) in der Krämerschen *Freien Zeitung* erschienen, aber nicht 1874, sondern, wie es sich aus den Tagebüchern ergibt (Bd I, S. 683, 698), bereits 1873. Die Broschüre hieß O. Beta, *Darwin, Deutschland und die Juden oder der Juden – Jesuitismus*, Berlin 1876.

8 Osman-Bey, *Die Eroberung der Welt durch die Juden*, Basel 1873; das französische Original, ebenfalls Basel 1873.

9 *Tagebücher* Bd I, S. 683. Der Verfasser wird von Cosima (ebenda, S. 710) der „türkische Oberst" genannt und von Wagner (ebenda, S. 1 064) mit Osman Pascha verwechselt. Dem Herausgeber der Tagebücher scheint die Identifizierung der Broschüre entgangen zu sein. Betas Broschüre erschien mit einer Widmung an Fürst Bismarck. Über Bismarcks Annahme der Widmung waren die Wagners mit Recht überrascht (ebenda, S. 739).

10 *Tagebücher* Bd I, S. 251.

11 Der Brief vom 29. Juni 1870 ist im Nachlaß erhalten. Ich er-

hielt eine Kopie von Dr. Mosche Zimmermann, dem Marr-Biographen. Aus dem Jahre 1870 ist kein Buch von Marr bekannt; es muß sich um ein früheres gehandelt haben, vielleicht um den *Judenspiegel* (Hamburg 1862).

12 Siehe Jacob Katz, *From Prejudice* a. a. O. (Anm. 2), S. 207.

13 *Tagebücher* Bd II, S. 309, 382. Bei der zweiten zugesandten Schrift wird es sich wohl um *Vom Jüdischen Kriegsschauplatz* (Bern 1879) gehandelt haben.

14 *Tagebücher* Bd II, S. 155, 376, 674.

15 Ebenda, S. 50. Es handelt sich um *Die Juden im Deutschen Staats- und Volksleben* (Frankfurt); Separatdruck aus der *Deutschen Reichs-Post*, Frankfurt 1878.

16 *Tagebücher* Bd II, S. 159.

17 Ebenda, S. 309.

18 Siehe Jacob Katz, *From Prejudice* a. a. O. (Anm. 2), S. 260. Kap. 20.

19 Über die *Bayreuther Blätter* siehe Winfried Schüler, *Der Bayreuther Kreis von seiner Entstehung bis zum Ausgang der Wilhelminischen Ära*, Münster 1971, S. 67–70.

20 Über Wolzogen ebenda, S. 86–93.

21 Abgedruckt in *Gesammelte Schriften und Dichtungen*, Leipzig 1883, Bd 10; danach im weiteren zitiert.

22 Siehe oben Kap. V, Anm. 77.

23 *Gesammelte Schriften* Bd 10, S. 53.

24 *Tagebücher* Bd II, S. 43.

25 Ebenda.

26 Schüler (Anm. 19), S. 18–20, betont die Abhängigkeit Wagners von Fichte.

27 *Gesammelte Schriften* Bd 10, S. 61 f.

28 Ebenda, S. 69.

29 Ebenda, S. 71–73.

30 Siehe Schüler (Anm. 19), S. 5–6, Anm. 24.

31 *Bayreuther Blätter*, 1878, S. 157, 161.

32 Im Aufsatz „Modern", *Gesammelte Schriften* Bd 10, S. 77–84, nimmt er als Ausgangspunkt ein Zitat aus einer „kürzlich mir zugesandten Flugschrift"; gemeint ist die in Anm. 15 angeführte Broschüre.

33 Im Aufsatz „Publikum und Popularität", *Gesammelte Schriften* Bd 10, S. 118.

34 *Tagebücher* Bd I, S. 1 062.

35 *Gesammelte Schriften* Bd 10, S. 161.

36 *Tagebücher* Bd II, S. 627.

37 *Gesammelte Schriften* Bd 10, S. 82.

38 Über Stöcker gibt es unzählige Darstellungen; siehe Jacob Katz, *From Prejudice* a. a. O. (Anm. 2), S. 262–265 und die dort aufgeführte Literatur. Der neueste Beitrag ist: Günter Brakelmann, Martin Greschat, Werner Jochmann, *Protestantismus und Politik*, Hamburg 1982.

39 *Tagebücher* Bd II, S. 424.

40 Ebenda, S. 461.

41 Ebenda, S. 546.

42 Hans von Bülow, *Briefe und Schriften*, Leipzig 1898, Bd 3, S. 30 f.

43 *Tagebücher* Bd II, S. 461.

44 Ebenda, S. 564.

45 Bülow (Anm. 42), S. 30.

46 *Tagebücher* Bd II, S. 643.

47 Am 14. März 1881 berichtete Cosima von der „Pression seitens einer anti-jüdischen Zeitung", auf die Wagner wie auf Försters Aufforderung reagierte: „Mag mit der Sache nichts zu tun haben", ebenda, S. 710.

48 *Gesammelte Schriften* Bd 10, S. 339.

49 Ebenda.

50 Ebenda, S. 342 f. 350.

51 Angelo Neumann, *Erinnerungen an Richard Wagner*, Leipzig 1907, S. 138 f.

52 Ebenda, S. 139.

53 Ebenda, S. 141.

54 Siehe Schüler (Anm. 19), S. 246 f, Anm. 65.

55 *König Ludwig II. und Richard Wagner, Briefwechsel*, Karlsruhe 1936–1939, Bd III, S. 229. Der Brief ist vom 22. November 1881.

56 Ebenda, S. 230.

57 *Judentum in der Musik*, S. 13.

58 Ebenda, S. 10.

59 *Tagebücher* Bd II, S. 147.

60 Ebenda Bd I, S. 744.

61 Ebenda Bd II, S. 228.

62 Ebenda, S. 242, 664, ähnlich S. 399.

63 Ebenda, S. 152, 281, 687.

64 *Gesammelte Schriften* Bd 10, S. 118.

65 Ebenda, S. 347.

66 *Tagebücher* Bd II, S. 690, 721, 743, 1 024 f u. a.

67 Ebenda, S. 744.

68 *Gesammelte Schriften* Bd 10, S. 358.

69 Ebenda, S. 345.

70 Ebenda, S. 348.

71 Ebenda, S. 346 f, 347.

72 Siehe Leon Stein, *The Racial Thinking of Richard Wagner*, New York 1950; Otto Dov Kulka, „Richard Wagner und die Anfänge des Modernen Antisemitismus", *Bulletin des Leo Baeck Instituts* 4 (1961), S. 290–296.

73 Siehe die Ausführungen Schülers (Anm. 19, S. 245–252) über den Bayreuther Kreis.

74 *Gesammelte Schriften* Bd 10, S. 347.

75 *Tagebücher* Bd I, S. 667.

76 *Tagebücher* Bd II, S. 290.

77 Ebenda, S. 273.

78 Ebenda, S. 669 f.

79 Siehe Anm. 36, 39 und in Kap. VIII, Anm. 3.

80 Siehe Anm. 56, ferner *Tagebücher* Bd II, S. 644, „alle Reden und Maßregeln unnütz seien, so lange der Besitz da sei"; S. 690: „Wenn unsere Cultur zu Grunde geht, ist es kein Schaden, wenn sie aber durch die Juden zu Grunde geht, ist es eine Schmach."

ZEHNTES KAPITEL

Rückblick

In den vorangegangenen Kapiteln habe ich aufgezeigt, daß Richard Wagners Verhältnis zu Juden und Judentum Wandlungen unterworfen war. Nun ist es an der Zeit, Rechenschaft darüber zu geben, von welchen Regeln ich mich bei meiner Forschung und Darstellung habe leiten lassen. Ich habe mich der genetischen Methode bedient. Diese führte mich zur Feststellung, daß es sich bei der Einstellung Wagners zu Juden und Judentum nicht um eine einheitliche Erscheinung handelt, sondern daß diese im Laufe der Zeit verschiedene Phasen durchlief. Die Wandlungen konnten dann einerseits mit anderen biographischen Daten und andererseits mit der gewandelten Stellung der Juden im öffentlichen Leben, besonders infolge der entstehenden antisemitischen Bewegung der siebziger Jahre in Zusammenhang gebracht werden. Somit haben wir die in der Wagner-Literatur vorherrschende Tendenz vermieden, von einem fixierten Begriff des Antisemitismus auszugehen und Spuren dieses undifferenzierten Judenhasses in allen Lebenslagen Wagners zu vermuten oder zu entdecken.

Wenn man den biographischen und historischen Hergang nicht möglichst lückenlos und konsequent verfolgt, wird man leicht Opfer subjektiver Einfälle, die den Wagnerschen Antisemitismus aus Episoden seines Lebens oder gar aus willkürlich unterstellten, psychologisch bedingten Komplexen ableiten. Erklärungen dieser Art, die das Ressentiment Wagners auf die angebliche Vernichtung seines Erstlingswerkes durch Mendelssohn oder seine Ausbeutung durch einen jüdischen Brotgeber in Paris zurückführen, sind wir bereits begegnet.[1] Schlimmer ist die anscheinend unausrottbare Unterstellung, daß Wagner jüdischer Herkunft sei, und daß jüdischer Selbsthaß seine irrationale Reaktion auf alles Jüdische verständlich mache. Es lohnt sich, der Entstehungsgeschichte dieser Hypothese nachzugehen, um sie ein für allemal aus der Welt zu schaffen.

Wie schon vor vielen Jahren vom amerikanischen Musikologen O. G. T. Sonneck gezeigt wurde, geht die Legende von Wagners jüdischer Herkunft auf die Vermutung zurück, sein Stiefvater Ludwig Geyer sei sein leiblicher Vater.[2] Diese Verbindung wurde auch von Friedrich Nietzsche hergestellt. In einer Randbemerkung zu seinem „Der Fall Wagner", der endgültigen Abrechnung mit dem ehemals verehrten Meister, fragte Nietzsche: „War Wagner überhaupt ein Deutscher? Sein Vater war der Schauspieler namens Geyer. Ein Geyer ist beinahe schon ein Adler."[3] Folgende Tatsachen sind bekannt: Der Schauspieler Geyer war ein Hausfreund der Familie Wagner und heiratete Wagners Mutter ein knappes Jahr nach dem Tod ihres Mannes und 15 Monate nach der Geburt ihres siebten Kindes Richard. Die Bereitschaft Geyers, die kinderreiche Witwe seines verstorbenen Freundes zu heiraten, konnte leicht auf eine frühere intime Beziehung zwischen den beiden schließen lassen.[4] Wagner selbst war, wie wir sehen werden, diese Erwägung nicht fremd. Nietzsche stellte die Vaterschaft Geyers als Tatsache hin und machte gleich einen Gedankensprung von Geyer zu Adler, einem bekannten jüdischen Familiennamen. Dieser Gedankensprung ist völlig willkürlich, denn der Name Geyer, im Gegensatz zu Adler, kommt bei Juden überhaupt nicht vor.[5]

Der Vermutung Nietzsches und der daran geknüpften Theorie von Wagners jüdischem Selbsthaß fehlte also schon immer die Grundlage. Mit der Veröffentlichung der Tagebücher Cosimas wurde jeder Zweifel beseitigt.

Cosima notierte eine Unterhaltung mit Wagner über seine vermutete Abstammung von Geyer. Sie stellte die Ähnlichkeit ihres Sohnes Fidi mit Wagners Stiefvater Geyer fest. Darauf Cosima: „Vater Geyer ist gewiß dein Vater gewesen." R.: „Das glaube ich nicht." – „Woher dann die Ähnlichkeit?" – R.: „Meine Mutter hat ihn damals geliebt, Wahlverwandtschaften."[6] Die Möglichkeit der Abstammung von Geyer wurde also in aller Ruhe erwogen. Von einer affektbetonten Reaktion Wagners aber auf die Möglichkeit jüdischer Herkunft ist keine Spur. Die Legende muß also durch die von Nietzsches Worten dokumentierte Assoziation entstanden sein, oder einfach als Abwehr des Wagnerschen Antisemitismus. Erfunden hat sie der Philosoph nicht, denn wie Ernest Newman in der klassischen Biographie Wagners zeigt, wurde Wagner bereits zehn Jahre davor oft in Schrift und Karikatur zum Juden gestempelt.[7] Wie viele andere Wagner-Anekdoten verbreitete sich diese Legende, die angesichts Wagners berüchtigtem ambivalenten Verhältnis zu Juden besonders pikant und zugleich geeignet war, seinen Antisemitismus ins Lächerliche zu ziehen. Lange Zeit schien das ins Lächerliche ziehen eines der besten Mittel zu sein, die für relativ harmlos gehaltene anti-jüdische Strömung zu neutralisieren. Daß aber auch zeitgenössische Forscher wie Peter Burbidge und Hartmut Zelinsky sich nicht von der Legende befreien können, ist mehr als merkwürdig.

Burbidge scheint überhaupt nicht am Jude-Sein von Wagners Stiefvater zu zweifeln.[8] Zelinsky dagegen ist sich des zweifelhaften Hintergrunds der Legende bewußt; um so erstaunlicher ist es, daß er trotzdem dazu neigt, daraus Wagners anti-jüdischen Komplex abzuleiten. Es sei „das schmerzliche Bewußtsein ... ein Jude oder wie ein Jude zu sein", das Wagners anti-jüdische Animosität genährt habe.[9] Da aber diese Erklärung die jüdische Herkunft von Wagners Stiefvater zur Voraussetzung hat und Zelinsky die Ungewißheit dieser Behauptung gegenwärtig war, bietet er gleichzeitig eine abgeschwächte Alternative an. Auch wenn Wagner nicht befürchtete, ein Jude zu sein, so mag er sich „wie ein Jude" gefühlt haben. Es handelt sich aber hier um zwei völlig verschiedene Varianten. Wäre Wagners Abstammungsangst erwiesen, so hätte die Selbsthaßtheorie einen faßbaren psychologischen Anhaltspunkt. Der Ersatzvorschlag, nach dem Wagner sich wie ein Jude vorgekommen sei, hängt jedoch vollkommen in der Luft. Zu seiner Begründung weiß Zelinsky in der Tat nichts anzuführen als die Beobachtung, daß Wagner in der Beschreibung seiner seelischen Verfassung als ein an Vereinsamung leidender Künstler ähnliche Redewendungen gebrauchte wie bei der Charakterisierung der als kulturfremde Eindringlinge in die deutsche Gesellschaft isoliert gebliebenen jüdischen Künstler. Dies genügt ihm, „Das Judentum in der Musik" als die zentrale autobiographische Bekenntnisschrift Wagners zu deuten und sie ihres Charakters als Kampfschrift zu entkleiden.[10] Offenbar tritt hier an die Stelle der kritisch an den Quellen orientierten biographischen Forschung ein selbstsicherer Verlaß auf eigene Assoziation, ohne Rücksicht auf die schriftlichen Zeugnisse.

Wohin diese Methode führen kann, zeigt sich, wenn Zelinsky den Grund für den vielbestaunten Entschluß Wagners, die Judenbroschüre 1869 unter dem eigenen Namen wiederzuveröffentlichen, gefunden zu haben glaubt. Der verborgene Sinn der Broschüre hätte der damaligen Bewußtseinslage Wagners, wie sie sich in seinen Plänen und seinem künstlerischen Schaffen, dem Fortschritt an der Ausarbeitung von „Siegfried", kundtat, entsprochen.[11] Zelinsky ignoriert die oben angeführten brieflichen Äußerungen Wagners und die Tagebucheintragungen Cosimas, die die Judenbroschüre gerade bei ihrer Wiederveröffentlichung eindeutig als Kampfschrift und keineswegs als ein verschleiertes Bekenntnis charakterisierten.[12]

Soweit es sich um die Schriften Wagners handelt, ist eine philologische Kontrolle der Einfallsdeutungen möglich. Anders liegt die Sache bei der Interpretation der Kunstwerke, die angeblich Momente der biographischen Entwicklung und Motive des sozialen und politischen Denkens – also auch der Judenfeindschaft – reflektieren. Mit solchen Erklärungsversuchen steht Zelinsky nicht allein,[13] wenn er sie auch auf die Spitze treibt, besonders mit der Auffassung des Schlußsatzes von „Parsifal", „Erlösung dem Erlöser", der die Reinigung der Jesus-Gestalt von jedem jüdischen Bezug bedeuten soll.[14] Ob solche Deutungen das Verständnis der Kunstwerke vertiefen, mag den Literatur- und Musikkritikern überlassen bleiben.[15] Vom Standpunkt der biographischen Forschung bieten solche Deutungen keine Bereicherung. Entweder wiederholen sie nur, was aus anderen Quellen bekannt ist, oder sie bieten unbeweisbare Vermutungen. Aufgrund dieser Überlegung habe ich in meiner Abhandlung vermieden, Belege aus Wagners Kunstwerken heranzuziehen, und mich neben anderen Zeugnissen auf direkte Aussagen des Künstlers beschränkt. Diese Einschränkung ist neben dem eingangs erwähnten genetischen Prinzip mein zweiter methodischer Leitfaden.

Ein dritter Wegweiser, oder vielmehr ein Warnzeichen, ergab sich aus der Beobachtung, daß sehr viele der hier angedeuteten Interpretationen unter dem Eindruck der späteren Rezeption von Wagners Werken besonders durch Hitler und die Nationalsozialisten entstanden sind. Die Adoption Wagners als eine Art Schutzgeist und Verkünder der nationalsozialistischen Weltanschauung ist gewiß nicht zufällig.[16] In ihrem Bestreben, in der deutschen Vergangenheit historisch legitimierende Vorläufer zu finden, konnten die Nationalsozialisten das Phänomen Wagner nicht außer acht lassen. Allein die aus der deutschen Mythenwelt stammenden Themen Wagners mußten die Nazis, die die vorchristlich teutonischen Kraftquellen der Nation beschworen, zur Identifizierung reizen. In seiner Stellung zu Juden konnte Wagner besonders leicht als Vorbild dienen. Hier sahen sich die Nationalsozialisten als Vollstrecker der antisemitischen Bewegung der Kaiserzeit. Wenn Wagner sich auch, wie wir sahen, von der Bewegung fernhielt, stimmte er gesinnungsmäßig zweifelsohne mit ihr überein.

Zwei Stränge der Entwicklung schienen dann die von Wagner vorgezeichneten Wege fortzusetzen. Die Fortführung der Bayreuther Festspiele unter der Leitung Cosimas und mit Hilfe des „Bayreuther Kreises" stand im Zeichen einer betont deutsch-nationalen, die Juden ausschließenden Geistesrichtung. Zwar blieb der Antisemitismus der Wagner-Epigonen, wie Winfried Schüler, der Historiker des Bayreuther Kreises, nachwies, der nebelhaften Vorstellung verhaftet, daß das schädliche jüdische Element in der deutschen Kultur ohne direkte Aktion lediglich durch die Regeneration des deutschen Geistes zu beseitigen war.[17] Immerhin bedeutete diese Theorie die grundsätzliche Ablehnung einer jüdischen Beteiligung an der erhofften deutschen Erneuerung – ein Postulat, an das die Nationalsozialisten ihre viel konkreteren antijüdischen Programme anknüpfen konnten.

Eine zweite Verbindungslinie, die von Wagner zu den Nazis gezogen wurde, ist durch seinen Schwiegersohn, Houston Stewart Chamberlain und seine Lehre gegeben. Zwar wich Chamberlain in vielen Elementen seiner Lehre, besonders durch das Gewicht, das er der Rassentheorie verlieh, vom Wagnerschen Erbe ab, doch wurden diese Unterschiede durch die Verehrung und Verherrli-

chung, die er dem Meister als der höchsten Entfaltung
deutscher Schöpferkraft zollte, überdeckt. Das ungemein
einflußreiche Traktat, „Die Grundlagen des neunzehnten
Jahrhunderts", konnte durchaus als eine Fortsetzung der
deutschen Regenerationsbestrebungen gelesen und so in
die radikale Ideologie der Nationalsozialisten eingebun-
den werden.[18]

Die historische Entwicklung bot also den Nazis eine
bequeme Handhabe, sich als Vollstrecker Wagnerscher
Ideen zu präsentieren. War diese Identifizierung vollzogen, erschien Wagners Stellung gegen Juden und Judentum in schärferem Licht. Was diese Rückverbindung für
die Zukunft der Wagner-Rezeption bedeuten sollte, werden wir bald sehen. Vorerst sei lediglich auf die mögli-
chen Fehlerquellen selbst einer bemüht sachlichen Werk-
interpretation hingewiesen. Ist es ein Zufall, daß die Be-
funde der anti-jüdischen Symbolik in den Werken erst
nach der Beschlagnahme Wagners durch die Nazis er-
folgt sind? Solche nachträglichen Erleuchtungen sind sogar im Bereich der leicht kontrollierbaren ideologischen
Begriffswelt Wagners nachweisbar. Von der Unterstellung einer rassischen Begründung seiner anti-jüdischen
Haltung war schon die Rede. Wie wenig das stimmt, hat
die chronologisch orientierte Betrachtung seiner gedank-
lichen Entwicklung erwiesen.[19] Es handelt sich bei dieser
Unterstellung zweifellos um eine Rückdatierung – ein
Hineinlesen der Fortsetzung und Abwandlung Wagnerscher Ideen durch Chamberlain und Hitler in die Äußerungen Wagners selbst.

Andere Fälle solcher Fehlinterpretationen sind leicht
nachweisbar. Ein eklatantes Beispiel dafür ist in der Auffassung des Schlußpassus von „Judentum in der Musik"
gegeben. Wagner empfiehlt hier den Juden, den Weg der
„Erlösung zu wahrhaften Menschen" durch „Selbstvernichtung" zu wählen und schließt mit dem pathetischen

Satz: „Aber bedenkt, daß nur Eines eure Erlösung von dem auf Euch lastenden Fluch sein kann: Die Erlösung Ahasvers – der Untergang."[20] Auf Juden bezogene Begriffe wie „Selbstvernichtung" und „Untergang" zwingen den post-nationalsozialistischen Leser die Assoziation mit dem Holocaust auf,[21] es sei denn, er macht sich als kritisch geschulter Historiker von diesen Assoziationen frei, erfaßt den Text in seinem ursprünglichen Zusammenhang und bemüht sich, ihn im Spiegel der zeitgenössischen Ideen zu verstehen.

Was mit dem „Untergang" des Juden in diesem Passus gemeint ist, wird dort ausdrücklich gesagt: „Gemeinschaftlich mit uns Mensch werden, heißt für die Juden aber zu allernächst soviel als: Aufhören Jude zu sein." Was also von den Juden verlangt wird, ist ihre Entjudaisierung – ein Prozeß der radikalen Anpassung, freilich nicht an die vorhandene bürgerliche Welt, sondern an die in Gedanken vorweggenommene soziale und politische Neuschöpfung, die Wagner als revolutionäre Utopie vorschwebt. Daß hier keineswegs der physische Untergang gemeint ist, wird durch das konkrete Beispiel des bereits gelungenen gemeinschaftlichen Menschwerdens im Falle Ludwig Börnes unmißverständlich dargelegt. Börne habe seine Erlösung „nicht in Behagen und gleichgiltig kalter Bequemlichkeit erreicht", sondern es habe ihn „wie uns Schweiß, Noth, Ängste und Fülle des Leides und Schmerzes" gekostet.[22] Wie bereits erwähnt, verlief Wagners Gedankengang parallel zu dem von zwei Zeitgenossen, Bruno Bauer und Karl Marx. Auch diese waren bereit, den Juden einen ehrbaren Platz in der Welt zu sichern, vorausgesetzt, daß sie an der Gestaltung der den beiden Denkern vorschwebenden Utopie mitzuarbeiten bereit waren. Bauers Utopie war der von allen Religionen befreite demokratische Staat, Marx' Utopie die auf sich gestellte menschliche

Gesellschaft, befreit von dem dem Kapitalismus hörigen Staat.[23] Wagners Utopie läßt sich nicht so deutlich umreißen und läuft letzten Endes auf den Wegfall aller gesellschaftlichen und staatlichen Hindernisse hinaus, die die freie Entfaltung der erlösenden (Wagnerschen) Kunst behindern. An dieser imaginären Welt sollen auch die Juden teilhaben dürfen, sofern sie an ihrer Vorbereitung mitarbeiten wollen.

Fast alle zeitgenössischen Kritiker der Juden und auch solche, die sich nicht als Gegner empfanden, hielten an einem negativen Bild vom Judentum fest und stellten es in den Dienst des erhofften Entjudaisierungsprozesses. Bei den Liberalen, den Stützen der im Entstehen begriffenen bürgerlichen Gesellschaft diente das negative Bild als Ansporn zur erhofften Anpassung der Juden an das Modell des ehrbaren Bürgers.[24] Die Utopisten verwendeten es als Aufruf zum Anschluß an den Kampf um die Gesellschaft der Zukunft.

Daß aus dieser Ablehnung des Judentums auch andere Konsequenzen gezogen werden konnten und später auch gezogen wurden – im Kaiserreich die politisch-ökonomische Zurückdrängung und gesellschaftliche Ächtung, in der Weimarer Zeit die völlige Ausschaltung aus Staat und Gesellschaft und sogar physische Vernichtung – ist eine unleugbare Tatsache. Die Möglichkeit eines solchen Schlusses wurde auch in der ersten Phase bedacht. Wir erinnern uns an die von Heinrich Laube gestellte Alternative: „Entweder wir müssen Barbaren sein, und die Juden bis auf den letzten Mann austreiben, oder wir müssen sie uns einverleiben."[25] Wagner folgte Laube, als auch er bei der Wiederveröffentlichung der Broschüre die Möglichkeit einer „gewaltsamen Auswerfung des zersetzenden fremden Elements" erwog.[26] Hier handelte es sich jedoch um theoretische Erwägungen, während als Programmpunkt im Sinne der Zeit sowohl Wagner als auch von Laube die Alternative der völligen Einverleibung gewählt wurde. Wenn Wagner später radikale Maßnahmen gegen Juden – Freiheitsbeschränkungen, Ausweisung, Verbrennen – forderte, so ist, abgesehen von ihrem Gelegenheitscharakter im Privatgespräch, zu bedenken, daß diese Äußerungen zu einer Zeit gemacht wurden, als sich infolge der historischen Wandlung im Verhältnis der deutschen Gesellschaft zu den Juden in den siebziger Jahren des vorigen Jahrhunderts die oben erwähnte zweite Phase in der Ablehnung der Juden bereits anbahnte. Die Deutung der Redewendung vom Untergang der Juden in der ein Vierteljahrhundert zuvor verfaßten Schrift oder aufgrund der Gesinnung und der Taten von Nachfahren, die sich mit Wagner identifizierten, ist ein unerlaubtes Verfahren.

Noch bedenklicher ist der Versuch, Wagners Absichten aus sprachlichen Gemeinsamkeiten mit Hitler, namentlich aus den Äußerungen über Vernichtung, ableiten zu wollen. In der Tat sind bei Wagner solche Redewendungen zu finden. Was sie bedeuten, läßt sich paradoxerweise gerade aus dem Schlußpassus der Judenbroschüre bestimmen. Hier ist die Rede von Selbstvernichtung, zu der auch die Juden aufgefordert werden, um an dem „wiedergebärenden Erlösungswerke" teilnehmen zu können.[27] Wagner mag den Untergang der bürgerlichen Welt als Voraussetzung gesehen haben – um mit Thomas Mann zu reden – für das Entstehen „einer klassenlosen, von Luxus und vom Fluch des Geldes befreiten, auf Liebe gegründeten Gesellschaft, wie er sie sich als das ideale Publikum seiner Kunst erträumte".[28] Daß er sich gelegentlich „Plenopotentarius des Untergangs" nannte, ist durchaus folgerichtig.[29] Cosima führte dieser Äußerung in Parenthese hinzu: „Diesen sieht er unaufhaltsam", was heißen soll, daß der Untergang der Welt vorbestimmt und Wagner lediglich der Verkünder des Unentrinnbaren ist. Jedenfalls bezieht sich diese Untergangsstimmung auf die gesamte Menschheit. Sie speziell auf die Juden zu beziehen und sie dadurch mit Hitlers Vernichtungsprogramm in Verbindung zu bringen, ist die Willkür einer rück-gewandten Interpretation.

An dieser Stelle sei daran erinnert, daß der oben zitierte Satz von Thomas Mann aus seiner berühmten Würdigung Wagners im Februar 1933 stammt, also vom Beginn der politischen Vergewaltigung Deutschlands durch die Nazis datiert ist. Schon damals, bei der fünfzigsten Wiederkehr von Wagners Todestag, schien für Thomas Mann eine unüberbrückbare Kluft zwischen Wagners Zeit und der Gegenwart zu liegen, und er sah sich veranlaßt, vor der Ignorierung dieser Kluft zu warnen. „Es ist durch und durch unerlaubt, Wagners nationalistischen Gesten und Anreden den heutigen Sinn zu unterlegen – denjenigen, den sie heute hätten. Das heißt sie verfälschen und mißbrauchen, ihre romantische Reinheit beflecken."[30] Wie wir wissen, nützte die Warnung nichts. Die Adoption Wagners durch die Nationalsozialisten war bereits im vollen Gange. Sie begann mit den ostentativen Besuchen der Festspiele durch Hitler in seinen Kampfjahren und wurde nach der Machtübernahme durch den Bayreuth gewährten staatlichen Schutz gekrönt. Thomas Manns unzeitgemäße Warnung löste den Protest der Nazikunstträger und Mitläufer aus und bedeutete den Beginn seines Ausschlusses aus dem deutschen Kulturkreis.[31]

Wagner geriet nicht von ungefähr in den von den Zeitströmungen bestimmten Streit der Meinungen. Thomas Manns Versuch, Wagner, wenn nicht für eine liberale, so wenigstens für eine romantisch-humane Weltschau zu retten – es war nicht der einzige Rettungsversuch[32] – trägt Spuren der Zeitgebundenheit. Der heutige Leser wird mit Staunen feststellen müssen, daß Thomas Manns langer Essay, der sich nicht auf die Deutung der Kunst Wagners beschränkt, sondern auch auf die Einstellung des Künstlers zu den sozialen und politischen Problemen seiner Zeit eingeht, Wagners Antisemitismus überhaupt nicht erwähnt. Erschien dem liberal gesinnten Festredner diese Schattenseite des von ihm Gefeierten als unwesentlich, oder ging er mit Rücksicht auf die damals schon heftige öffentliche Judenhetze bewußt dem peinlichen Thema aus dem Weg? Es bedurfte der Erfahrung der Naziherrschaft und der Kriegsjahre, damit Thomas Mann einem anderen Lobredner Wagners, Emil Pretorius, den Vorwurf machte, daß er Wagners Eigenschaften wie das „Allein-reden-Wollen, über alles Mitreden-Wollen, eine namenlose Unbescheidenheit, die Hitler vorbildet", unerwähnt ließ.[33] Bei anderer Gelegenheit schrieb er: „Wir haben diesen Wagner wieder vor Augen, und da ist zuviel Abstoßendes, zuviel ‚Hitler‘, wirklich zuviel latentes und alsbald auch manifestes Nazitum, als daß rechtes Vertrauen, Verehrung, gutes Gewissen, eine Liebe möglich erschien, die sich ihrer nicht zu schämen brauchte."[34]

Die Wandlung in Thomas Manns Urteil führt uns die höchst verwickelte Problematik der historischen Zurechnung und der moralischen Verantwortung in aller Klarheit vor Augen. 1933 konnte man noch, dem historisch-kritischen Imperativ folgend, die Gesinnung Wagners aus ihrem zeitlichen Rahmen heraus beurteilen. Mit dem Einmünden des Wagnerschen Erbes in den Strom des Nationalsozialismus, wenn auch nur als eine der Quellen, aus denen sich dieser Strom nährte, verwirklichte sich seine latent vorhandene Potenz als Juden verfemende Ideologie, ein Vorgang, der die Zeitgenossen zur Revidierung ihres Urteils über Wagners Wesen und Charakter zwang. Angesichts dieser Tatsache versagt das rationale Argument, daß der in ihrer historischen Gegenwart handelnden Person die Verantwortung für die unvorhersehbare Zukunft nicht aufgebürdet werden kann und daß das überpersönliche Schicksal ihre Handlungen in das Gefüge der historischen Entwicklung eingeflochten hat. Was sich zumindest sagen läßt, ist also, daß Wagner das Unglück hatte, daß Tendenzen, die in seiner Gesinnung – nach Meinung anderer auch in seinem Werk – als Potenz vorgegeben waren, dank historischer Umstände Wirklichkeit wurden und sich so mit seinem Namen verbanden.

Soweit die historische Zurechnung. Um auch die Frage der moralischen Verantwortung zu klären, bedarf es einer weiteren Überlegung.

Hätte es sich beim Beitrag Wagners zur weiteren Entwicklung um einen ursprünglich moralisch neutralen Vorgang gehandelt, wie etwa bei einem Erfinder, dessen wissenschaftlich-technische Neuerung zu Kriegszwecken verwendet wird, so könnte die Feststellung, daß die unvorhergesehene Entwicklung einem Unglück gleichkommt, eine moralische Entlastung mit sich bringen. Das ist jedoch bei Wagners Gesinnung keineswegs der Fall. Moralisch bedenklich war sie auch zu ihrer Zeit. Sie bedeutete die Aburteilung Einzelner aufgrund ihrer kollektiven Zugehörigkeit und führte zu unlösbaren Konflikten im Verhältnis zu Personen der eigenen Umgebung. Da Wagners Antisemitismus auch schon zu seinen Lebzeiten moralisch fragwürdig war, ist sein Freispruch von den nachträglichen, objektiv unvorhersehbaren Folgen schwer vertretbar.

Zeichen der moralischen Verurteilung, die Wagner durch die Nachwelt erfuhr, sind – wie zu Beginn dieses Buches erwähnt – in zwei Ländern, der Bundesrepublik und in Israel, evident. Um Wagners Kunst wieder ohne Hemmungen oder Gewissensbisse genießen zu können, hat man in Deutschland vielfach versucht, einen Trennungsstrich entweder zwischen Wagner und den Nazis oder zwischen Wagners künstlerischem Erbe und seiner Weltanschauung zu ziehen.[35] Da manchen diese Versuche als Vertuschungsmanöver erschienen, setzte eine Gegenreaktion ein, die zu einer Gleichsetzung Wagnerscher und nationalsozialistischer Tendenzen führte. Zwar scheint in letzter Zeit hier eine Beruhigung eingetreten zu sein, endgültig ausgetragen ist dieser leidenschaftlich geführte Streit gewiß nicht.

In Israel ist die Identifizierung Wagners mit dem Nationalsozialismus im öffentlichen Widerstand gegen die Aufführung seiner Musik eindeutig dokumentiert. Es ist interessant, wie und wann dieser Wagnerboykott zustande kam – der Vorgang ist nicht frei von historischer Ironie.[36] Im vorstaatlichen Palästina war Wagners Musik ständig auf dem Spielplan des von Bronislaw Hubermann gegründeten Philharmonischen Orchesters. Noch im Herbst 1938 wollte Toscanini, der aus Protest gegen die Mißhandlung jüdischer Musiker durch die Nazis Bayreuth längst den Rücken gekehrt hatte, ein Stück aus den „Meistersingern" dirigieren – mit der Absicht, die Trennung zwischen Politik und Kunst zu demonstrieren. Da trafen die Nachrichten von den Pogromen der „Kristallnacht" und von der völligen Übernahme Bayreuths durch das Naziregime ein, so daß der Kunstgenuß an Wagnerschen Kompositionen verleidet war. Mit der Häufung und Steigerung der Schreckensnachrichten der kommenden Jahre und dem Wissen darüber, daß die Wagnerische Musik eine bevorzugte Rolle in Hitlers Leben und den feierlichen Akten der Partei spielte, verfestigten sich die negativen Assoziationen, und der Bann öffentlicher Darbietungen wurde zu einer Selbstverständlichkeit.

In der israelischen Gesellschaft, die Hunderttausende von Überlebenden der Konzentrations- und Vernichtungslager umfaßt und noch viel mehr Angehörige derjenigen, die von dort nie zurückgekehrt waren – offenbarte sich seit den ersten Kriegsjahren ein Unwille, mit Erzeugnissen deutscher Herkunft, seien sie industrieller oder kultureller Art, etwas zu tun zu haben. Im Laufe der Zeit lockerte sich diese Distanzierung – politische und ökonomische Notwendigkeit, das Vorbild führender Persönlichkeiten wie David Ben Gurion und Martin Buber, die eine Versöhnung anstrebten, und nicht zuletzt der fortschreitende Generationswechsel taten das ihre. Heute werden in Israel deutsche Industrie- oder Kunstprodukte kaum noch gemieden. Eine Ausnahme bildet die öffentliche Aufführung der Musik Wagners, gegen die bis jetzt immer noch mit Erfolg protestiert wurde, so oft das Orchester auf Wunsch von Musikliebhabern und Sachverständigen versuchte, den Bann von Wagner zu nehmen. Offenbar hat sich bei einem Teil der Bevölkerung Wagners Musik, ja allein der Name des Komponisten als das Symbol des Hitlerregimes festgesetzt, wogegen Argumente rationaler Art ebensowenig wie die Klagen über den Ausfall künstlerischen Genusses und den Schaden für die musikalische Erziehung der neuen Generation vorläufig nichts auszurichten vermögen.[37]

Es ist anzunehmen, daß die Zeit kommen wird, in der der historische Hintergrund der Wagnerschen Kunst so verblaßt ist, daß seine Werke losgelöst von ihrem Nährboden nur aufgrund ihres ästhetischen Wertes aufgeführt werden können. Vorläufig ist diese Entwicklung – auf jeden Fall in Deutschland und Israel, die sich mit Wagner historisch-existentiell, wenn auch nicht mit den gleichen Vorzeichen, verbunden fühlen – nicht in Sicht. Wie die von Zeit zu Zeit auch in Deutschland aufflackernde Diskussion um Wagner beweist, haften vorerst an Wagners Kunst die bedenklichen Züge seiner Persönlichkeit und Gesinnung und noch mehr die Belastung seiner historischen Wirkung. Eine bewußte Beschleunigung des Entwirrungsprozesses durch verharmlosende Darstellung des Gegenstandes ist erfahrungsgemäß von entgegengesetzter Wirkung. Die historische Wissenschaft kann, wenn überhaupt, dem Prozeß nur dienen, indem sie sich, ihrem eigenen Berufsethos folgend, um die wahrheitsgemäße Erforschung und Beschreibung der Vorgänge bemüht. Dabei muß vor allem auf den Zeitfaktor geachtet werden. Weder darf Wagners Haltung als ein für allemal feststehend angenommen, noch kann seine Wirkung ohne Rücksicht auf die sich wandelnden Zeitumstände verstanden werden. Selbst bei der Analyse systematischer Denksysteme ist die Suche nach zeitbedingten Prägungen der Ideen geboten. Wagner war weit davon entfernt, einem Denksystem verhaftet zu sein oder auf ein System hinzusteuern. Seine schöpferische Potenz war der Verwirklichung künstlerischer Pläne gewidmet, während seine Gedanken sich in Gelegenheitsflügen erschöpften, die – so originell sie auch sein mochten – disziplinierte Gelassenheit und Folgerichtigkeit vermissen lassen. Sie waren kaum mehr als Eingebungen des Augenblicks, oft Ausdruck der Phasenhaftigkeit seiner geistigen Entwicklung und manchmal von Affekten getriebene Reaktionen auf Ereignisse und Erlebnisse.

Diese Eigenheiten haften auch Wagners Judenfeindseligkeit, dem Gegenstand unserer Untersuchung an. Sie war keineswegs eine Art angeborene, tiefenpsychologisch erklärbare Eigenschaft, vielmehr das Ergebnis eines persönlichen Erlebnisses an einem genau feststellbaren biographischen Wendepunkt. Einmal angenommen, erfüllte sie freilich in seinem seelischen Haushalt bestimmte Funktionen, diente der Projektion eigener Gefühle in das Bewußtsein anderer und als Erklärung für das sonst unverständliche Ausbleiben der Anerkennung seiner künstlerischen Leistung besonders seitens der Fachkritik.

Zwar nährte sich die von Wagner entwickelte Judenfeindseligkeit von vorangegangenen anti-jüdischen Theorien und ist so die Fortsetzung einer ununterbrochenen anti-judaistischen Tradition, doch im Rahmen ihrer Zeit, des aufsteigenden Liberalismus der fünfziger und sechziger Jahre, erschien sie als bizarr, eigensinnig und unzeitgemäß. Dabei wäre es auch geblieben, wenn sich nicht sehr bald, von Mitte der siebziger Jahre an, eine neue anti-jüdische, bald antisemitisch genannte Bewegung angebahnt hätte. So entstand eine Wechselwirkung zwischen dem öffentlichen Vorgang und der Gesinnung Wagners. Wagner fühlte sich durch die Zustimmung einer immer breiter werdenden Öffentlichkeit in seinen Ansichten bestärkt und zu immer schärferen Formulierungen gereizt – ein Vorgang, der den Vertretern der neuen Bewegung die Hoffnung gab, sie könnten den damals bereits weltberühmten Künstler als Verkünder ihrer Lehre in Anspruch nehmen. Daß Wagner vor den praktischen Konsequenzen seiner Gesinnung zurückschreckte, zeigt, in welche moralisch bedenkliche Situation er sich durch seine rhetorische Radikalität begeben hatte. Es hat ihn kaum wundern dürfen, daß ihm gerade von Gleichgesinnten der Widerspruch zwischen Gesinnung und Tat zum Vorwurf gemacht wurde, dem er dann durch fadenscheinige Ideologien zu begegnen suchte. Subjektiv mag er in dieser Weise sein Gewissen beruhigt haben, aus der Welt geschaffen hat er die verheerende Potenz, die in seinem Lebenswerk angelegt war, nicht. Wenn er auch zu seinen Lebzeiten noch verhindern konnte, daß sein Name für antisemitische Aktionen eingesetzt wurde, so nahm die Entwicklung nach seinem Tod ihren Lauf. Der Name Wagner wurde ein zentrales Symbol der anti-jüdischen Bewegung und später zum Banner der Vernichtungskampagne.

Selbst wenn dies nicht Wagners Absicht war, trägt er

einen Teil der historischen Verantwortung. Hätte er sich an der Judenhetze seiner Zeit naiv und konsequent beteiligt, müßte man ihm eine Entlastung zumindest vor seinem eigenen Gewissen zubilligen. Doch gerade seine Zurückhaltung, sein Zurückschrecken vor den praktischen Konsequenzen seiner Gesinnung, zeugt davon daß er sich der Problematik bewußt war. Seine historische Verurteilung beruht also keineswegs auf der nachträglichen Einsicht des Historikers, sondern ergibt sich aus dem richtigen Verständnis seiner eigenen Aussagen und Handlungen. Wagner selbst sitzt zu Gericht über Wagner und ist außerstande, sich den historischen Freispruch zu erteilen.

1 Siehe Kap. III, Anm. 12.
2 O. G. T. Sonneck, „Was Richrad Wagner a Jew“, *Proceedings of the Music Teachers' National Association*, 1911, S. 21 ff.
3 Friedrich Nietzsche, *Der Fall Wagner*, Leipzig 1888, S. 42.
4 Die Abstammungsfrage ist mit großer Ausführlichkeit von Ernest Newman (*The Life of Richard Wagner*, New York 1933–37, Bd. I, S. 3–18, Bd. II, S. 608–613) behandelt.
5 Mit Recht betont Sonneck diese Tatsache, Newman, dem der Aufsatz von Sonneck unbekannt geblieben war, hielt Adler und Geyer für jüdische Namen.
6 *Tagebücher* Bd. II, S. 272.
7 Newman (Anm. 4). Bd. II, S. 612 f. Sonneck entging diese Tatsache, und er glaubte daher, daß die Legende von Nietzsche in die Welt gesetzt wurde.
8 Peter Burbidge, „The Man and the Artist“, Peter Burbidge and Richard Sutter (Hrsg.), *The Wagner Companion*, New York 1979, S. 15.
9 Hartmut Zelinsky, *Richard Wagner – ein deutsches Thema*, München 1976, S. 19. Zelinsky wiederholt seine Theorie in seinem Artikel „Richard Wagner, wie antisemitisch darf ein Künstler sein?“, *Musik-Konzepte* 5, München 1978, S. 93.
10 Zelinsky, *Richard Wagner – ein deutsches Thema*, ebenda.

11 Zelinsky, „Richard Wagner, wie antisemitisch darf ein Künstler sein?", S. 96. Siehe auch Zelinsky, „Der Plenipotentarius des Untergangs", *Neohelicon* IX, 1. 1982, S. 158.

12 Siehe Kap. VI.

13 Bereits Theodor W. Adorno (*Versuch über Wagner*, Frankfurt 1974, S. 19 f.; geschrieben 1939) deutete gewisse Gestalten der „Meistersinger" als „Judenkarikaturen", Robert W. Gutman (*Richard Wagner, The Man, his Mind and his Music*, New York 1968, S. 423–426), den „Parsifal" als Verdammung der Juden. Paul Lawrence Rose („The Noble Anti-Semitism of Richard Wagner", *The Historical Journal* 25, 3 (1981), S. 751–763) sieht ebenfalls in Wagners Antisemitismus den Schlüssel zum Verständnis seines künstlerischen Werkes.

14 Das ist ein zentrales Thema in Zelinskys Publikationen (s. Anm. 9).

15 Zelinskys Auffassung wurde in der *„Süddeutschen Zeitung"* (22. 8. 82) von Carl Dahlhaus von einem musikwissenschaftlichen Standpunkt aus zurückgewiesen. Ich verdanke diesen Hinweis Hartmut Zelinsky.

16 Die Adoptierung wurde von Zelinsky in seinem Buch *Richard Wagner – ein Deutsches Thema* (Anm. 9) ausführlich dokumentiert. Systematischer dargestellt ist der Vorgang von dem Schweizer Forscher Jean Matter (*Wagner et Hitler*, Lausanne 1977).

17 Winfried Schüler, *Der Bayreuther Kreis von seiner Entstehung bis zum Ausgang der Wilhelminischen Ära*, München 1971, S. 245–248.

18 Ebenda, S. 252–267. Geoffrey G. Field, *Evangelist of Race. The Germanic Vision of Houston Stewart Chamberlain*, New York 1981.

19 Siehe Kap. IV.

20 *Judentum in der Musik*, S. 32.

21 So bereits bei Otto Dov Kulka, „Richard Wagner und die Anfänge des Modernen Antisemitismus", *Bulletin des Leo Baeck Instituts* 4 (1961), S. 291. In einem späteren, hebräischen Aufsatz (in dem Sammelband *Who is Afraid of Richard Wagner, Aspects of a Controversial Personality*, Jerusalem 1984, S. 241) schwächt Kulka seine Interpretation etwas ab, schließt aber auf jeden Fall aus, daß es sich bei „Untergang" um Assimilation handeln könnte. Ähnliche Ansichten sind dort (S. 223 f.) auch von Zevi Bacharach vertreten. Theodor W. Adorno (Anm. 13), S. 22, nennt den Schlußpassus „zweideutig", weil er angeblich

„ die Vernichtung der Rettung gleichsetzt", Worte, die wie viele andere des Verfassers statt zur Klärung des interpretierten Textes zu seiner Verdunkelung führen. Zelinsky stellt die Sache sozusagen auf den Kopf (*Ein deutsches Thema*, S. 20), da er den „Schluß von Judentum in der Musik … als verstecktes autobiographisches Bekenntnis" interpretiert. Mit dem Untergang der Juden sei in Wirklichkeit Wagners eigene Selbstvernichtung gemeint, so daß Hitlers Berufung auf Wagner folglich auf einem Mißverständnis beruhen müßte.

22 *Judentum in der Musik*, S. 12. Richtig gesehen von Schüler (Anm. 17) S. 234 f., und Matter (Anm. 16), S. 117–118.

23 Über Bauer und Marx siehe Jacob Katz, *From Prejudice to Destruction*, a. a. O. S. 165–174.

24 Ebenda, S. 147–158.

25 Siehe Kap. II, Anm. 28.

26 *Judentum in der Musik*, S. 57; siehe Kap. VI, Anm. 17.

27 Ebenda, S. 32.

28 Thomas Mann, „Leiden und Größe Richard Wagners", *Gesammelte Werke*, Frankfurt 1974, Bd. IX, S. 418.

29 *Tagebücher* Bd. II, S. 624. Zelinsky (*Musik-Konzepte*, S. 81) hat diesen Ausdruck aufgegriffen und andere (Bacharach, Anm. 21, S. 224) folgten ihm. Siehe L. J. Rathner, *The Dream of Self-Destruction, Wagner's Ring and the Modern World*, Baton Rouge und London 1979. Der Verfasser ist der Geschichte der Selbstvernichtungsidee nachgegangen.

30 Mann (Anm. 28), S. 417.

31 Dokumentiert in Zelinsky, *Ein deutsches Thema*, S. 195–199.

32 Bernhard Diebold unternahm bereits im Jahre 1928 eine solche Rettung; siehe Diebold, *Der Fall Wagner, eine Revision*, Frankfurt 1928.

33 Mann (Anm. 28), Bd. X, S. 926.

34 Ebenda, S. 797.

35 Einzelheiten darüber bei Zelinsky (Anm. 9) und Matter (Anm. 16).

36 Ich folge dem Bericht von Yehuda Kohen in seinem hebräischen Artikel im erwähnten Sammelband (Anm. 21), S. 289–290.

37 Kohen (ebenda) vertritt die Ansicht der Musikliebhaber. Hayyim Gannz (ebenda, S. 297–319) diskutiert das Problem als Konflikt zwischen Wertsystemen vom Standpunkt des Moralphilosophen.

Personenregister